AF244522

A. FERRET 1977

THÈSE

POUR

LE DOCTORAT

SOUTENUE

par

N. PREDESCO,

AVOCAT.

PARIS,

CHARLES DE MOURGUES FRÈRES, SUCCESSEURS DE VINCHON,

Imprimeurs-Éditeurs de la Faculté de Droit de Paris,

RUE JEAN-JACQUES-ROUSSEAU, 8.

—

1861.

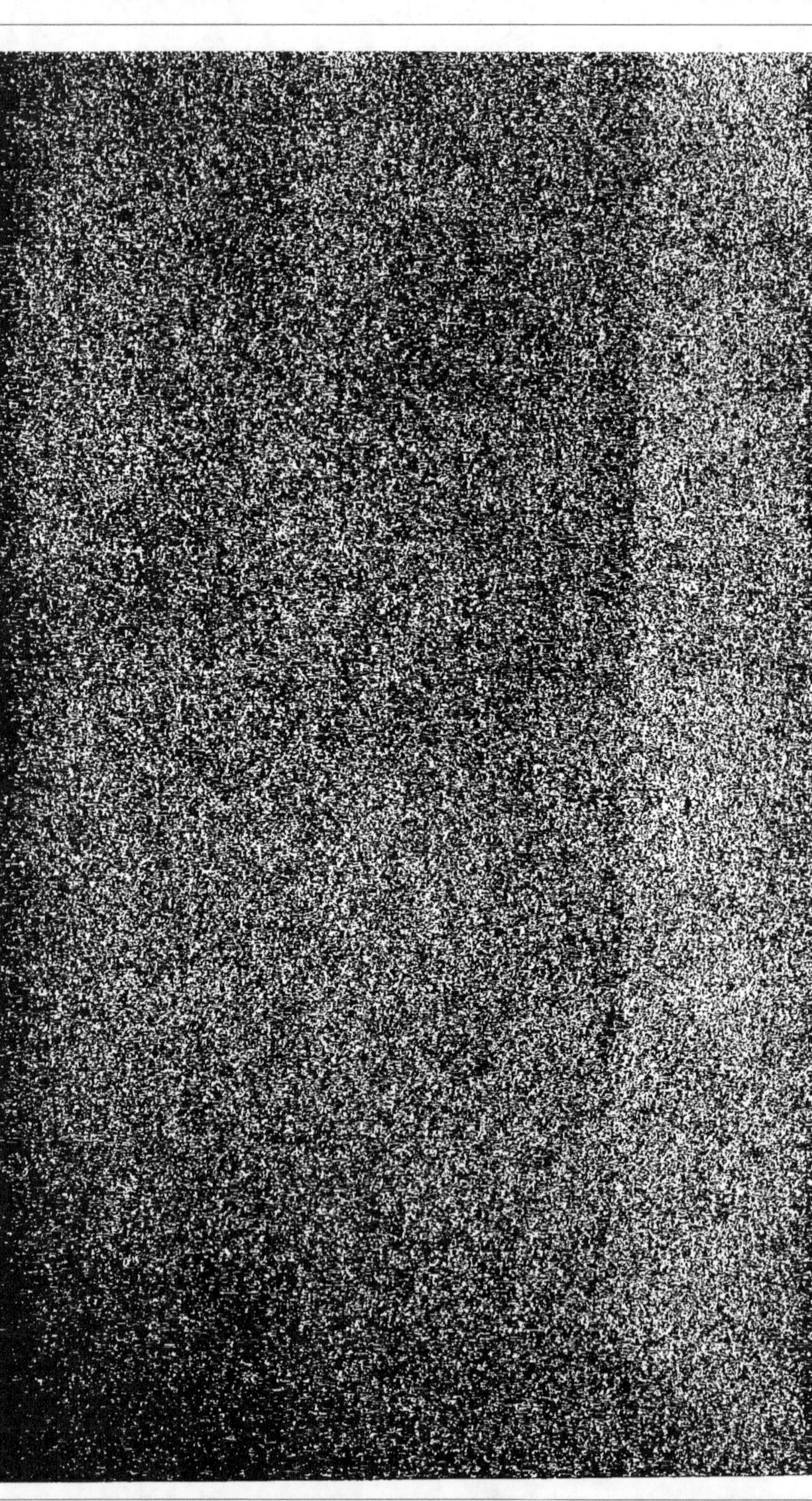

FACULTÉ DE DROIT DE PARIS.

THÈSE

POUR LE DOCTORAT.

L'acte public sera soutenu le jeudi 19 décembre 1861,
à onze heures,

Par Nicolas PRÉDESCO, né à Bucharest (Roumanie).

Président : **M. VALETTE**, Professeur.

MM. **PELLAT,**	
COLMET-DAAGE,	Professeurs.
DURANTON,	
BATBIE,	Suppléant.

Suffragants :

Le Candidat répondra aux questions qui lui seront faites sur les autres matières de l'enseignement.

PARIS,

CHARLES DE MOURGUES FRÈRES, SUCCESSEURS DE VINCHON,
IMPRIMEURS-ÉDITEURS DE LA FACULTÉ DE DROIT DE PARIS,
Rue J.-J. Rousseau, 8.

1861.

A MON PÈRE, A MA SOEUR.

DROIT ROMAIN.

DE PIGNORIBUS ET HYPOTHECIS, ET QUALITER EA CONTRAHANTUR ET DE PACTIS EORUM.

(Dig., liv. 20, tit. 1, 2, 3.) (1).

Les Romains n'admettaient pas, surtout dans le principe, la pensée d'un droit accordé à certains créanciers, d'être préférés à tous les autres, même aux hypothécaires. Le créancier gagiste ou hypothécaire venait toujours au premier rang. Ce n'est pas qu'ils ne connussent les priviléges ; mais ce droit, quand il était réduit à lui-même, se bornait à faire préférer le créancier privilégié au créancier chirographaire. Il n'en est pas moins vrai que les anciens priviléges des Romains méritent beaucoup d'attention, tels que celui du fisc, celui du pupille, celui de la femme pour sa dot, celui des frais funéraires, etc. ; et leur étude est précieuse pour celle des nouvelles institutions du droit français qui

---

(1) Cette dissertation n'a pour objet que les trois premiers titres du livre xx, au Digeste.

traitent de cette matière, surtout en ce qui concerne les priviléges sur les meubles; là, en effet, il n'y a pas de créanciers hypothécaires. Ce n'est qu'au bout d'un certain temps qu'on aperçoit dans les textes romains quelques combinaisons qui se rapprochent assez sensiblement des priviléges modernes; ce sont celles qui donnent naissance aux hypothèques privilégiées, et qui, par suite, réunissent le double droit attaché aux priviléges et aux hypothèques. On rencontre donc, disséminés dans le Digeste, et à de rares intervalles, des hypothèques pour lesquelles le droit romain avait montré une sollicitude plus empressée, qu'il avait environnées d'une plus grande faveur, auxquelles il avait donné une préférence assez éclatante. Je veux parler de ces hypothèques qui se classent, non d'après la date de leur établissement, mais d'après la faveur spéciale que la loi leur a accordée. Les exemples que nous en pourrions citer sont nombreux : nous allons indiquer les principaux, par exemple, l'hypothèque qu'a le fisc pour se faire payer les impôts arriérés; l'hypothèque de la femme pour se faire payer les créances dotales, l'hypothèque des personnes qui ont fait des dépenses pour la conservation de la chose hypothéquée, etc.

A l'origine du droit romain, la personne du débiteur était le seul gage commun de ses créanciers. Si le débiteur s'opposait à l'exécution volontaire de son obligation, le créancier saisissait sa personne. Les biens du débiteur ne pouvaient être l'objet d'un recours direct de la part des créanciers, si ce n'est dans des cas exceptionnels, comme pour le payement de ce qui était dû au Trésor public, au service militaire et pour les sacrifices;

en un mot, ce n'était que pour le cas où l'intérêt public ou l'intérêt religieux était en jeu. Mais, avec le temps, à côté de la *manus injectio,* qui avait été créée par le système des actions de la loi, la procédure formulaire introduisit la *missio in possessionem bonorum.* Avec le système formulaire, la *manus injectio* disparut peu à peu.

Nous venons d'indiquer comment les biens du débiteur devinrent le gage de ses créanciers. Mais cet avantage qu'on avait accordé au créancier se rapprochait trop souvent d'une illusion ; car le débiteur pouvait, en contractant sans cesse de nouvelles dettes, en dissipant son patrimoine, diminuer et même anéantir le gage de ses créanciers ; il arrivait souvent que ceux-ci n'étaient qu'incomplétement désintéressés, que quelquefois même ils ne touchaient aucune portion de leurs créances. C'est pourquoi les créanciers durent chercher des garanties plus sérieuses contre les risques d'insolvabilité qui les menaçaient ; ils exigèrent de leur débiteur des sûretés particulières : tantôt l'engagement de personnes qui répondaient du payement sous leur propre responsabilité, et que l'on qualifiait de *sponsores, fidepromissores, fidejussores ;* tantôt l'affectation d'une chose dont la valeur devait répondre du payement.

On donna à ces sûretés accessoires le nom générique de *cautiones.* Nous n'avons pas à nous occuper dans ce travail des sûretés accessoires personnelles ; nous nous bornerons à parler des sûretés accessoires réelles, c'est-à-dire du gage de l'hypothèque.

Le gage, quant à son origine, peut être divisé en gage volontaire et en gage nécessaire ou forcé.

Le gage volontaire résulte de la volonté exprimée soit

dans une convention, soit dans un testament; le gage nécessaire résulte de l'ordre du magistrat ou d'une disposition légale. Nous traiterons du gage et de l'hypothèque qui résulte de la convention des parties seulement.

CHAPITRE Ier.

COMMENT LE GAGE SE CONSTITUE.

Le gage constitué par la convention des parties présente trois phases différentes : *fiducia, pignus, hypotheca.*

§ 1er. — *Fiducia.*

Dans l'ancien droit romain, lorsqu'une personne avait besoin d'argent, et que personne ne voulait lui faire crédit sans qu'elle présentât des garanties, si elle voulait donner un gage à son créancier, elle devait lui en transférer la propriété; mais cette propriété transférée n'était pas définitive; le créancier, après le payement, devait retransférer la propriété au débiteur, ce qui avait lieu par suite de la clause de *fiducia.*

Le contrat de fiducie produisait une double action : l'action *fiduciæ directa*, au profit du débiteur qui avait payé, pour contraindre le créancier à lui retransférer la propriété; et l'action *fiduciæ contraria*, au profit du créancier, pour se faire rembourser par le débiteur les dépenses qu'il avait pu être obligé de faire pour la conservation de la chose.

Le débiteur avait un autre moyen de rentrer dans la propriété de la chose, indépendamment de celui que nous venons d'annoncer : c'était l'*usureceptio*. L'*usureceptio* était une espèce d'usucapion, qui permettait au propriétaire primitif de reprendre la propriété quiritaire par une simple possession d'un an, quelquefois même sans avoir payé sa dette. Une différence existait entre celui qui avait payé la dette et celui qui ne l'avait pas fait : le premier usucapait, quelle que fût la cause de sa possession ; le second ne le pouvait pas, s'il détenait la chose à titre de louage ou de précaire.

Ces différents modes de procéder présentaient des inconvénients assez graves : ils privaient le débiteur d'une chose dont cependant il pouvait avoir grand besoin, comme dans le cas où il s'agissait des outils qui lui servaient à exercer son industrie. D'un autre côté, le créancier avait la propriété complète, définitive de la chose, sauf l'obligation personnelle résultant de la fiducie. Tant qu'il ne s'était pas dépouillé de la propriété pour la rendre au débiteur, il pouvait l'aliéner valablement, même avant l'échéance, et le débiteur n'avait qu'une action en indemnité contre le créancier qui avait manqué à sa foi ; il n'en avait aucune contre le tiers acquéreur. De plus, le débiteur devait se priver de la possession de la chose engagée ; sans doute le créancier pouvait laisser quelquefois la possession à titre de précaire à son débiteur, mais il pouvait toujours, dans ce cas, la lui reprendre à sa volonté.

Ces graves inconvénients firent abandonner peu à peu ce mode de garantir les dettes. On imagina deux autres combinaisons, qui restèrent en usage dans le droit romain.

§ 2. — *Du pignus*.

Dans le *pignus*, le débiteur ne transférait plus au créancier la propriété de l'objet, mais seulement la possession, ce qui prévenait toute aliénation de la part de celui-ci. Après le payement effectué, le débiteur avait l'action *pigneratitia directa* pour obtenir la restitution de l'objet remis en gage, et le créancier l'action *pigneratitia contraria* pour se faire indemniser des dépenses qu'il avait faites pour conserver cette chose.

Jusqu'à l'extinction de la dette, le créancier était protégé dans sa possession par les interdits possessoires.

Le débiteur, quoi qu'il n'eût plus chez lui la chose, était cependant réputé la posséder au point de vue de l'usucapion. Si donc, quand le gage était remis au créancier, il était en train d'usucaper cet objet, l'usucapion continuait de s'opérer à son profit : « *Debitor videtur possidere ad unam causam, ad usucapionem.* » Le créancier ne peut se plaindre, car n'ayant pas l'*animus domini*, il ne peut usucaper lui-même, et a tout intérêt à ce que son débiteur devienne propriétaire de l'objet qui fait sa garantie.

A l'origine, le contrat de gage n'assurait au créancier qu'un droit de rétention de la chose, jusqu'au payement de la dette. Quelquefois le débiteur insérait la clause qui permettait au créancier de vendre l'objet, s'il n'était pas payé à l'échéance, afin d'être payé sur le prix. Comme les créanciers presque toujours avaient soin de convenir de cette clause, on commença à la sous-entendre lors même qu'elle n'avait pas été mentionnée. De plus, on alla jusqu'à considérer comme non avenue toute clause qui interdirait au créancier la faculté de vendre le gage. Seulement le créancier devait, avant de procéder à la vente, faire au débiteur trois dénonciations.

Bien que le contrat de gage fût une institution préférable au contrat de fiducie, cependant il présentait des vices assez graves. Ce contrat, se formant *re*, ne permettait au débiteur de constituer sur une chose d'une valeur peut-être fort considérable, qu'un seul droit de gage. Il avait encore cet autre inconvénient, qu'il privait le débiteur de la possession d'objets dont l'usage pouvait lui être indispensable, comme par exemple, dans le cas où un fermier avait donné en gage les instruments aratoires. Il est vrai qu'on pouvait remédier à cet inconvénient au moyen du précaire ; mais ce moyen ne présentait pas une grande force, puisque le créancier pouvait revenir sur la concession qu'il avait faite. De plus, le créancier n'avait pas les actions réelles ; il ne pouvait les exercer qu'en se les faisant céder par le débiteur, il n'avait que les interdits pour protéger sa possession.

§ 3. — *Hypotheca.*

Ni la propriété, ni la possession de l'objet donné en gage ne sont transportées au créancier par l'hypothéque ; l'une et l'autre restent au débiteur. Elle ne confère au créancier qu'un simple droit réel sur la chose, au moyen duquel le créancier aura, à défaut de payement à l'échéance, le pouvoir de se faire mettre en possession de la chose hypothéquée, et de la vendre, avec préférence sur le prix.

La fiducie et le *pignus* sont des contrats de droit civil; l'hypothèque au contraire est une institution prétorienne. Elle est d'origine grecque, et fut introduite dans le droit romain par le préteur Servius.

L'innovation du préteur Servius n'eut pas le même caractére de généralité que le contrat de fiducie et le *pignus*. Comme les inconvénients du *pignus* étaient plus graves pour les colons, ce fut seulement relativement aux colons que fut introduite l'hypothèque. Mais avec le temps l'hypothèque fut établie pour tous les cas de gage, de telle manière qu'à côté de l'action Servienne proprement dite, il y eut l'action quasi-servienne pour toute espèce de gage. L'action hypothécaire fut accordée *a fortiori* au créancier qui avait reçu la tradition d'un gage, car il était évident que le débiteur qui faisait avec son créancier le contrat réel de gage, lui accordait en même temps tacitement un droit d'hypothèque sur cette chose.

Qu'il y ait eu contrat de gage ou simple convention d'hypothèque pour la garantie d'une créance, l'action hypothécaire est également accordée dans les deux cas. C'est ce qui a fait dire à Marcien que *inter pignus et hypothecam tantum nominis sonus differt :* proposition trop absolue, qui n'est vraie qu'au point de vue du droit réel, car de nombreuses différences existent entre le gage et l'hypothèque. Le gage se forme par la remise de la chose, il donne naissance aux actions pignératitiennes; enfin, d'après les Proculéiens, il ne s'applique qu'aux meubles. L'hypothèque au contraire s'applique tant aux immeubles qu'aux meubles. Elle se forme par simple convention; elle ne donne pas lieu aux actions pignératitiennes; et comme dans ce travail nous aurons à envisager principalement le droit réel, nous nous servirons nous-mêmes indifféremment des noms de gage ou d'hypothèque.

L'hypothèque n'exige pour sa formation aucune solennité, elle dépend uniquement de la volonté des parties : la simple convention suffit pour la créer. De plus, l'accord des parties pour la constitution de l'hypothèque peut apparaître non-seulement dans des paroles, dans des écrits, mais encore dans de simples faits (ceci ressort de la loi 26, § 1, *De pig. et hyp.*). Voici l'hypothèse que le jurisconsulte Modestin prévoît :

Un père emprunte une somme d'argent de *Septicius*, et le billet qui constate le prêt est écrit par son fils emancipé, Seïus; de plus, le père déclare dans ce billet que, pour garantir ce prêt, il hypothèque la maison de son fils Seïus. On se demande si Seïus n'ayant pas accepté la succession de son père, continuera d'avoir la propriété de ce fonds libre d'hypothèque, car il n'a d'aucune manière exprimé son consentement à la constitution d'hypothèque; il s'est borné à écrire ce que lui dictait son père. Le jurisconsulte Modestin répond que le fils, en écrivant lui-même que sa maison serait engagée, a accompli un fait qui a manifesté suffisamment son consentement à cette constitution d'hypothèque. En effet, il avait trop d'intérêt à parler et à contredire son père pour qu'on ne trouvât pas dans son silence une ratification tacite.

Il ne faut pas opposer à cette décision la loi 39, *De pigner. act.*, car l'hypothèse prévue dans cette loi diffère de celle que nous venons de voir dans la loi 29, § 1, *De pign. et hyp.* Dans la loi 39 il s'agit d'un homme qui n'a fait qu'apposer sa signature sur un testament, et qui, ne connaisant pas le contenu du testament, n'a pas pu, dès lors, donner un consentement suffisant aux dispositions qu'il renferme. Au contraire, le fils ayant écrit l'acte en entier, en a connu le contenu, et son silence est considéré comme un acquiescement à l'hypothèque.

Du principe que nous avons posé, que le consentement des parties suffit pour la constitution de l'hypothèque, il résulte qu'il n'est pas nécessaire que les parties aient expressément designé l'objet soumis au gage, pourvu que l'objet qu'elles ont eu en vue puisse être désigné facilement : et si par erreur un autre objet avait été remis au créancier, c'est l'objet convenu qui sera frappé du droit de gage; si donc on m'a montré de l'or au moment de la convention et que plus tard on m'ait livré du cuivre, c'est l'or qui est l'objet du gage.

Nous avons dit que le seul consentement suffisait pour la constitution de l'hypothèque. L'empereur Léon fut le premier qui attacha quelques avantages à l'existence d'un écrit. Dans le but de rendre les hypothèques moins occultes, il donna à celles qui seraient constatées dans un *instrumentum publicum,* ou dans un acte souscrit par trois citoyens *integræ opinionis,* un droit de préférence sur les hypothèques antérieures en date et non constatées dans des actes de ce genre. Il n'est pas moins vrai que, même depuis lors, l'écrit ne fut pas nécessaire à l'existence de l'hypothèque, et que cet écrit n'avait d'autre but que d'établir un rang de préférence.

Entre absents, la constitution du droit de gage pouvait avoir lieu au moyen d'un *nuntius* ou d'une lettre, mais elle ne pouvait être acceptée *per procuratorem;* le *nuntius* n'est qu'un messager, qu'un porte-parole, tandis que le *procurator*, parle en son propre nom et par conséquent acquiert l'action pour lui-même. Le créancier ne pourrait donc avoir que par une cession l'action hypothécaire, née au profit du *procurator*. S'il veut l'avoir directement, il faut qu'il fasse lui-même la convention du gage ; mais cette obligation une fois née, il peut acquérir la possession de l'objet par un *procurator*. Cependant, il est un cas dans lequel le *procurator* acquiert l'action hypothécaire non pour lui, mais pour son mandant : quand un mandataire a donné de l'argent en *mutuum*, au nom de son mandant, et qu'une hypothèque a été consentie pour garantie de ce prêt. Il se produisait avant Justinien un effet fort bizarre : le mandataire acquérait la condition *ex mutuo* pour son mandant et l'action hypothécaire pour lui-même. Justinien fit disparaître cette différence singulière, et ce fut dès lors un cas d'acquisition directe de l'action hypothécaire au mandant par un tiers procureur (1).

---

(1) Loi 2 Cod., *Per quas pers.*

CHAPITRE II.

NATURE ET CARACTÈRE DU DROIT DE GAGE OU D'HYPOTHÈQUE.

Le droit de gage ou d'hypothèque est un droit accordé à un créancier sur la chose d'autrui, pour la sûreté de sa créance.

Le droit de gage est un droit réel; il ressemble aux autres droits réels, en ce sens qu'il est donné contre tout possesseur et qu'il tend à faire rendre au créancier gagiste la possession de la chose.

J'ai dit que le droit de gage ou d'hypothèque est un droit accordé à un créancier sur la chose d'autrui: c'est en effet ce qui a lieu le plus fréquemment; mais il ne faudrait pas en conclure que l'on ne peut jamais avoir d'hypothèque sur sa propre chose. Des cas peuvent se présenter où le propriétaire aura une hypothèque sur sa propre chose; il peut arriver qu'une personne achète un fonds grevé de plusieurs hypothèques et emploie son prix d'acquisition à désintéresser le premier créancier hypothécaire : il sera subrogé à ce premier créancier, de manière que si les autres créanciers hypothécaires non payés veulent vendre l'immeuble, ils seront obligés de rembourser le propriétaire et de se faire subroger à son hypothèque; car le droit de faire vendre n'appartenait en droit romain qu'au premier créancier hypothécaire. Nous voyons par cette hypothèse que celui qui a acheté un immeuble ne court aucun risque pour se faire payer la somme qu'il a déboursée; il n'en aurait pas été de même s'il n'eût pu avoir hypothèque sur sa propre chose : il n'aurait été en cas d'éviction qu'un simple créancier chirographaire.

Nous avons dit que l'hypothèque est un droit réel, opposable non-seulement au débiteur lui-même, mais à tout tiers qui détient l'objet hypothéqué. Mais alors pourquoi ne se trouve-t-elle pas mentionnée parmi les droits réels? Cette absence s'explique par l'origine de l'hypothèque. Elle fut introduite par le préteur, et nous savons que le préteur avait un grand respect pour le vieux droit civil. Fidèle aux sentiments de vénération qu'il conservait au *jus ipsum*, quoiqu'il introduisît un nouveau droit réel en créant l'hypothèque, il ne se permit de l'introduire qu'à la condition de ne pas le classer parmi les droits réels. On doit expliquer par les mêmes motifs l'absence de l'hypothèque au nombre des démembrements de la propriété, quoique l'hypothèque constitue bien réellement un de ces démembrements. En effet, elle porte une grande atteinte au *jus abutendi :* le propriétaire ne peut pas aliéner la chose hypothéquée, sans qu'elle soit grevée d'un droit de suite. Le propriétaire ne peut non plus constituer sur sa chose ni un droit d'usufruit, ni un droit de servitude qui soit opposable aux créanciers hypothécaires.

Le droit d'hypothèque présente plusieurs particularités : d'abord, c'est un droit réel qui naît d'une simple convention ; il a encore cela de singulier, qu'il ne peut pas exister seul et par lui-même, il doit être nécessairement appuyé sur une créance. De là il résulte que cette créance s'éteignant, le droit réel d'hypothèque tombe, et comme une créance peut être éteinte malgré la volonté du créancier, le droit de gage ou d'hypothèque est donc un droit réel qui, à la différence des autres, pourra être éteint malgré la volonté de celui à qui il appartient.

L'hypothèque est un droit indivisible, c'est-à-dire qu'elle subsiste entière sur toutes les parties de la chose hypothéquée, et pour toute sa dette sur chacune d'elles. Ainsi, tant qu'une partie de la dette, quelque minime qu'elle soit, reste due, les objets hypothéqués demeurent, malgré les payements partiels, affectés en totalité à la garantie de tout ce qui est dû. De même, si la créance se divise entre plusieurs personnes, comme dans le cas de succession, chaque fraction de la créance primitive a pour sûreté non pas une fraction correspondante des hypothèques, mais les biens hypothéqués en entier. D'un autre côté, si les biens hypothéqués périssent en partie, l'hypothèque subsiste en entier, pour ce qui est dû, sur tout ce qui reste de ces biens, et si les biens hypothéqués viennent à se diviser, par succession, par exemple, chacune de ces fractions reste hypothéquée pour toute la dette et pour chacune des fractions de cette dette.

Nous avons dit que l'hypothèque était indivisible dans la conservation ; mais il ne faut pas croire qu'elle l'ait été dans sa constitution même. Il en est autrement des servitudes prédiales ; la raison de cette différence est facile à comprendre, car on ne pouvait imaginer, par exemple, un droit de passage sur une part indivise d'un fonds ; rien de plus raisonnable au contraire qu'une hypothèque sur une part indivise. La raison de cette différence consiste en ce que le but de l'hypothèque et des servitudes n'est pas le même. L'hypothèque tend à la vente : vendre et se faire payer sur le prix, voilà le but du créancier hypothécaire. Les servitudes, de même que le louage, ont pour but la jouissance , et de même qu'on ne peut ne peut louer une part indivise, de même on ne peut la grever de servitudes. Ainsi, nous le répétons, l'hypothèque est indivisible quant à sa conservation , mais divisible quant à sa constitution (1). Il peut arriver que l'hypothèque se divise même après sa constitution, si les parties étaient convenues qu'en cas de mort du propriétaire de l'immeuble hypothéqué ses héritiers ne seraient tenus hypothécairement que dans la limite de sa dette personnelle. Voilà comment s'explique, dans le droit français, la disposition de l'article 2114 du Code Napoléon, qui dit que l'hypothèque est indivisible de sa nature; mais cette indivisibilité n'est pas de son essence.

CHAPITRE III.

ÉTENDUE DU DROIT DE GAGE ET D'HYPOTHÈQUE.

L'hypothèque peut être spéciale ou générale : l'hypothèque générale est celle qui frappe tous les biens du débiteur, non-seulement les biens présents, mais même les biens à venir. Mais que décidera-t-on dans le cas où le débiteur a hypothéqué tous ses biens sans s'expliquer davantage? Cette simple désignation étend-elle l'hypothèque même sur les biens à venir? Selon nous, l'hypothèque dans ce cas doit être restreinte aux biens présents. L'intention des parties ne peut l'interpréter que de cette manière. Quand on parle de ses biens, on n'a en vue que les

____

(1) M. Pellat, à son cours.

7076

biens dont on est actuellement propriétaire. Comment croire que le débiteur avait l'intention d'hypothéquer des biens qu'il ne possédait pas et dont il ne connaissait pas l'importance ? Les jurisconsultes, dont les écrits se trouvent dans le Digeste, étaient tous de cet avis. Pour que les biens à venir fussent hypothéqués, il fallait que les parties eussent pris le soin de l'exprimer dans la constitution. Sous Justinien, le système contraire prévalut. L'hypothèque générale emporte l'hypothèque même sur les biens à venir : « *Cum sit justum,* dit la loi 9 C. *Quæ res pign., voluntates contrahentium magis quam verborum conceptionem inspicere.*

L'hypothèque générale frappe tous les biens qui appartiennent ou qui appartiendront au débiteur. Elle frappe même les choses que le débiteur a reçues en *mutuum,* car l'emprunteur est devenu propriétaire des choses empruntées. Bien que l'hypothèque générale s'étende sur tous les biens du débiteur présents et à venir, cependant ce principe doit être entendu avec quelques restrictions; ainsi, l'hypothèque générale ne porte pas sur la concubine, sur les enfants naturels, sur les esclaves qui ont été élevés avec un soin particulier par le débiteur, de même que l'hypothèque générale ne porte pas sur les habits, sur les ustensiles, et en un mot sur toutes les choses qui sont pour le débiteur d'une nécessité absolue et d'un besoin journalier.

Toute chose qui entre dans le patrimoine d'un débiteur grevé d'une hypothèque générale est immédiatement frappée de cette hypothèque. Si elle en sort, le créancier pourra exercer son droit de suite, à moins qu'il n'ait consenti à l'aliénation. Mais que faut-il décider si plus tard elle venait à rentrer dans le patrimoine du débiteur? Serait-elle de nouveau frappée d'hypothèque? Cette question est controversée parmi les jurisconsultes. Les uns soutenaient que le créancier ayant renoncé à son hypothèque sur cette chose, ne pouvait plus avoir aucun droit sur elle ; d'autres disaient que le créancier n'avait eu que l'intention de favoriser uniquement l'acquéreur, en lui donnant la mainlevée de l'hypothèque, mais qu'il n'avait pas entendu rendre à jamais cette chose non susceptible d'hypothèque à son profit ; que ,par conséquent, si elle venait à rentrer dans le patrimoine du débiteur, elle ne devait être traitée que comme un bien nouveau qui n'avait jamais été soumis à l'hypothèque du créancier. Justinien fit cesser la controverse en consacrant la première opinion.

L'hypothèque spéciale ne frappe que les objets qui sont déterminés par la convention. Il faudra rechercher sur quel objet les parties ont porté leur attention.

Plusieurs difficultés ont été élevées sur les accessoires de la chose hypothéquée.

On s'est demandé si l'hypothèque du fonds emportait hypothèque tacite des fruits. La loi 3 du C. *In quibus causis pign.* décidait l'affirmative d'une manière très-nette, sans faire pressentir l'ombre d'une controverse. Mais si nous supposons le fonds hypothéqué passé aux mains d'un possesseur de bonne foi, dans quelle mesure ce possesseur de bonne foi pourra-t-il être actionné à raison des fruits? Il sera tenu de tous les fruits qu'il a perçus après la *litis contestatio,* car de ce jour il cesse d'être de bonne foi; mais que doit-on penser quant aux fruits qu'il a perçus avant la *litis contestatio,* et qu'il n'a pas encore consommés? Nous croyons avec M. Pellat (1) que, selon les Pandectes, le possesseur de bonne foi fait les fruits siens par leur simple séparation d'avec le sol, quand même il ne les a pas encore consommés. Il est vrai que la loi 16, § 4, et 1, § 2 au Digeste *De pign.* semblent dire le contraire ; mais il paraît évident que dans ces lois les mots *consumptos* d'une part, et *nisi* d'autre part, ont été ajoutés par les compilateurs pour mettre ces textes en harmonie avec le droit nouveau. En effet, des constitutions émanées du Bas-Empire décidèrent que le possesseur de bonne foi qui, autrefois, faisait siens tous les fruits perçus avant la *litis contestatio*, qu'ils fussent ou non consommés, ne ferait plus siens d'une manière irrévocable que ceux qui seraient consommés.

D'après ce système, la loi 1, § 2, *De pign. et hyp.* s'explique facilement. Le créancier peut poursuivre le fonds hypothéqué, mais il n'a aucun droit sur les fruits perçus par le possesseur avant la *litis contestatio*, car ces fruits ne lui sont pas hypothéqués : ils n'ont jamais appartenu au débiteur, du jour où ils ont pu appartenir à un autre ; du jour où, par leur séparation du fonds, ils ont eu une existence juridique, ils ont appartenu au possesseur de bonne foi. Il n'y a pas même lieu de distinguer si les fruits, au moment où la possesseur les a perçus, étaient mûrs ou non.

Quant au possesseur de mauvaise foi, il est tenu, conformément au droit commun, de rendre tous les fruits

---

(1) A son cours et Comment. *De rei vind.* p. 306 et suiv., 335 et suiv.

antérieurement perçus, même ceux qui n'existeraient plus.

Doit-on dire que le part de l'esclave hypothéquée, quoiqu'il ne soit pas un fruit, est lui-même frappé d'un droit d'hypothèque, bien que les parties n'aient fait aucune convention à cet égard ?

Ainsi des esclaves ont été hypothéquées ; le part qui naîtra d'elles est-il implicitement compris dans l'hypothèque ?

Le jurisconsulte Paul, dans la loi 29, § 1, au Digeste, *De pign. et hyp.*, soutient l'affirmative, mais seulement si l'enfant est né chez le débiteur ou chez son héritier. « *Si mancipia in causam pignoris ceciderunt, ea quoque quæ ex his nata sunt eodem jure habenda sunt. Quod tamen diximus etiam adgnata teneri, sive specialiter de his convenerit, sive non, ita procedit, si dominium eorum ad eum pervenit qui obligavit, vel heredem ejus. Cæterum, si apud alium dominum pepererint, non erunt obligatæ.* Mais cette décision semble être en contradiction avec deux autres décisions du même jurisconsulte, et que nous allons citer.

Le même Paul nous dit dans ses Sentences, lib. 2, tit. 5, § 2 : « l'enfant d'une esclave engagée n'est pas soumis au droit de gage, quand on n'en est pas expressément convenu : » *Fœtus vel partus ejus rei quæ pignori data est, pignoris jure non tenetur, nisi hoc inter contrahentes convenerit.* Dans la loi 18, § 2, au Digeste, *De pignerat. act.*, il dit expressément que l'hypothèque qui frappe la mère atteint non-seulement le part né chez le maître qui a constitué l'hypothèque, mais aussi celui qui naîtrait chez un autre maître : *Si fundus pignoratus venierit, manere causam pignoris, quia cum sua causa fundus transeat, sicut in partu ancillæ qui post venditionem natus sit.*

Cujas a tâché de concilier ces textes. D'après lui, le paragraphe des Sentences s'applique au part né avant la constitution de l'hypothèque. Pour lui, pas de difficulté; ce n'est pas un part, c'est un esclave distinct et indépendant de sa mère. La loi 29 s'appliquerait au part né après la constitution, mais chez un maître autre que le constituant ou son héritier; l'enfant n'est pas hypothéqué, quand bien même la conception aurait eu lieu chez le débiteur, car l'enfant n'a jamais été *in bonis debitoris.* Jusque-là, il y avait une esclave enceinte, c'est vrai, mais il n'y avait pas deux esclaves : ce n'est que par sa naissance qu'il s'est individualisé, qu'il est devenu capable d'être par lui-même l'objet d'un droit. L'hypothèque tacite du part, résultant de la convention qui a grevé la mère, ne grève donc que les enfants nés chez le débiteur ou chez l'héritier; car les enfants nés après l'aliénation de la mère n'ayant jamais été la propriété du constituant, il n'a pu les hypothéquer : tel est le droit rigoureux.

Cependant, ajoute-t-il, dans le cas où la mère ne suffira pas pour indemniser le créancier, et que les enfants nés chez l'acquéreur y seraient encore, par une interprétation plus douce, *benignius,* en vertu de son *arbitrium,* e juge considérera ces enfants comme hypothéqués tacitement, en colorant cette décision de cette raison que, bien que le part né chez l'acheteur *nunquam debitoris fuerit,* cependant la femme qui l'a produit appartenait au débiteur à l'époque où l'obligation a été contractée. C'est en ce sens, selon lui, qu'il faut entendre la loi 18, § 2, D., *De pign. act.* Ainsi, ce part de l'esclave né chez l'achetcur, s'il existe encore, serait soumis à l'action hypothécaire, non pas directement, mais en vertu de l'*arbitrium judicis*, et parce que l'action Servienne est une action arbitraire.

Les termes de la loi 18 ne nous paraissent pas trop s'adapter à la précédente conciliation. Ils s'expriment avec toute la force d'une règle, et non avec les précautions d'une *benignior interpretatio*. Voici maintenant une autre interprétation, qui nous paraît préférable et que nous devons à M. Pellat. Dans ses Sentences, Paul nous parle des enfants nés avant l'époque où l'hypothèque a été constituée sur leur mère, et nous avertit que dans ce cas ces enfants ne seront pas affectés du droit de gage, à moins qu'une convention spéciale d'hypothèque ne soit intervenue à leur égard.

Que si l'enfant de l'esclave est né postérieurement à l'hypothèque établie sur sa mère, il y a plusieurs distinctions à faire. Est-il né chez le débiteur ou chez son héritier, il sera affecté du droit de gage ; il en sera de même si, né chez l'acquéreur de sa mère, il a été conçu chez le débiteur (L. 18, § 2, D., *De pign. act.;* L. 1, pr, D., *De salv. interd.*); a-t-il été conçu et est-il né chez l'acquéreur de sa mère, il est libre de tout droit de gage.

C'est donc le moment de la conception qu'il est important d'examiner pour savoir si cet enfant sera ou non soumis au droit d'hypothèque.

Nous appuyons notre décision sur une distinction semblable, que nous trouvons dans les textes, au sujet de l'usucapion.

Les choses volées ne peuvent pas être usucapées, même par un possesseur de bonne foi. Si donc le voleur vendait une esclave qu'il avait prise, la bonne foi de l'acquéreur ne le conduisait pas à l'usucapion ; mais dans le cas où un enfant naissait de cette esclave, on se demandait si cet enfant était entaché du même vice que la mère, relativement à l'usucapion. On décidait affirmativement dans le cas où il avait été conçu chez le voleur, et négativement dans le cas où il avait été conçu chez le possesseur de bonne foi : *Ancilla, si subripiatur prægnans, vel apud furem concepit, partus furtivus est, sive apud furem edatur, sive apud bonæ fidei possessorem... Sed si concepit apud bonæ fidei possessorem, ibique pepererit, eveniet ut partus furtivus non sit, verum etiam usucapi possit* (L. 48, § 2, D., *De furt.*).

Que dirons-nous du pécule de l'esclave hypothéqué ? Il n'est pas compris dans l'hypothèque ; car le pécule est un bien tout à fait distinct de l'esclave qui en a seulement la gestion, peu importe à quelle époque il a acquis ce pécule à son maître.

La chose acquise avec l'argent hypothéqué n'est pas hypothéquée, ni l'objet acquis avec le prix de la chose hypothéquée.

L'alluvion fait partie du fonds, c'est le fonds lui-même qui s'augmente insensiblement ; elle est donc comprise dans l'hypothèque du fonds.

La maison bâtie sur le terrain hypothéqué, et réciproquement le sol qui porte une maison hypothéquée, sont hypothéqués. Si la maison hypothéquée vient à périr, l'hypothèque se conserve sur le terrain : c'est une diminution de la chose hypothéquée ; si une nouvelle maison est rebâtie sur ce terrain, l'hypothèque s'y étend : c'est une augmentation de la chose hypothéquée, et le droit du créancier se transmet ainsi par le sol de l'ancien au nouveau bâtiment.

Je suppose qu'une maison a été reconstruite par un possesseur de bonne foi, le créancier sera-t-il tenu de lui rembourser ses frais de reconstruction avant de pouvoir obtenir la possession?

La loi 27. § 2, D., *De pign. et hyp.*, décide que le possesseur pourra exiger, avant de restituer l'édifice au créancier hypothécaire, que le créancier lui rembourse ses dépenses jusqu'à concurrence de la plus value qu'a reçue le sol : *Sed bona fide possessores non aliter cogendos creditoribus œdificium restituere, quam sumptus in extructione erogatos, quatenus pretiosior res facta est, reciperent.*

Toutefois, les jurisconsultes romains paraissent avoir été partagés sur ce dernier point, et Africain refuse, au contraire, le droit d'exiger cette plus value, ainsi qu'on le voit à la loi 44, § 1, D., *De damno infecto.*

Cujas concilie les lois 27, § 2, D., *De pig.*, et 44, § 1, D., *De damno infecto,* en faisant remarquer qu'elles prennent deux hypothèses différentes : En effet, dit-il, la loi 29, § 2, parle de frais de reconstruction, tandis que c'est de frais de réparations qu'il est question dans la loi d'Africain. Que conclure de là, si ce n'est que les jurisconsultes romains décidaient que le créancier doit à l'acquéreur du sol, au possesseur de bonne foi, les premiers de ces frais et ne doit pas les seconds?

M. Pellat n'admet pas ce système : il déclare qu'on ne doit pas tenter de concilier ces lois; Paul et Africain différaient. Il est bien vrai que dans la loi d'Africain il ne s'agit que de réparations faites à la maison, tandis

que dans la loi de Paul il est question de la reconstruction de la maison même; mais on ne saurait trouver
dans cette différence de circonstances un motif de décider
diversement dans chacun des deux cas, car, s'il est vrai
que, sans les dépenses de reconstruction, le créancier
n'aurait pas eu d'hypothèque sur l'édifice, il est également vrai que, sans les dépenses faites pour le réparer,
la maison se serait peut-être écroulée, ou aurait, tout au
moins, diminué de valeur, au grand détriment du créancier.

Il y avait donc divergence d'opinion entre Paul et Africain sur la question que nous venons d'examiner.

On a hypothéqué un fonds avec *quæcumque inducta,
invecta, importata*, *ibi nata paratave essent* (L. 32, *De
pign.*). L'hypothèque ne comprend pas les choses qui ne
sont attachées au fond que momentanément.

Quand un débiteur a hypothéqué *prædia et mancipia
quæ in prædiis erant*, cette hypothèque ne s'étend pas aux
esclaves nouveaux qui ont remplacé les esclaves morts,
si ces esclaves nouveaux n'ont pas été eux-mêmes hypothéqués, ou s'ils ne sont pas nés de femmes esclaves
hypothéquées.

Il faudrait donner une solution différente si le débiteur avait *prædia et omnem familiam rusticam*, selon
l'opinion de Cujas; car, dans cette dénomination de *familia* il faut aussi comprendre les esclaves substitués
aux anciens et qui empêchent ainsi la *familia* de disparaître, par analogie à ce qui se passe dans le cas où
on a hypothéqué un troupeau (L. 13, D., *De pign. et
hyp.*).

Pour apprécier exactement l'étendue d'une hypothèque, il faut avoir soin de bien peser les expressions dont on s'est servi pour déterminer les objets qui ont été affectés d'hypothèque. Ainsi, si le débiteur a hypothéqué un troupeau, *grex* (L. 13, pr.), et que tout le troupeau ait été renouvelé par des brebis substituées peu à peu aux premières, le nouveau troupeau sera néanmoins réputé être le même que celui qui a été hypothéqué primitivement; car le mot troupeau, *grex*, désigne un être collectif qui subsistera indépendamment des êtres individuels qui entreront dans sa composition, Si, au contraire, le débiteur avait constitué un droit de gage sur un animal déterminé du troupeau, sa mort éteindrait l'hypothèque.

Ce qui fait que la décision de la loi 26 pr. n'est pas la même que celle de la loi 13 pr., c'est que, dans l'espèce de la première de ces deux lois, le constituant n'a pas reçu un droit de gage sur une chose qui consistait en une certaine universalité, comme dans la loi 13, mais sur des esclaves qui étaient à ce moment des individus parfaitement déterminés.

Un marchand a hypothéqué *quœ sunt in taberna;* quand ses marchandises seront vendues, celles qui viendront occuper leur place ne seront pas affectées au droit d'hypothèque. Il n'en sera pas de même si un marchand a dit qu'il hypothéquait *tabernam*. Dans cette hypothèse, le droit de gage frappera toutes les marchandises qui se trouveront dans la boutique au moment où le créancier exercera son droit.

La solution est donc ici la même que celle que nous avons donnée sur la loi 13 pr.; mais il existe une différence entre les deux hypothèses, différence qui naît de la convention tacite des parties. Comme le commerce suppose la vente des marchandises, le créancier ne pourra pas, dans le cas où le débiteur a hypothéqué *tabernam*, poursuivre chez les tiers acquéreurs celles de ces choses qui viendront à être vendues, car il a tacitement renoncé à son droit de gage sur ces choses, à raison de la profession de son débiteur; sans cela, tout commerce serait impossible. Au contraire, celui qui engage une universalité dont les individus ne font pas l'objet de son commerce, ne peut pas les aliéner libres de tout droit d'hypothèque, et, dans ce cas, le créancier intentera avec succès l'action hypothécaire contre les acquéreurs.

Les choses nouvelles produites par la transformation des choses hypothéquées ne sont pas soumises au droit de gage. Si une personne a hypothéqué une forêt, et qu'ensuite les arbres de cette forêt aient été transformés en navires, l'hypothèque ne subsiste plus, à moins qu'une convention spéciale n'ait maintenu l'hypothèque, *quia aliud sit materia, aliud navis* (L. 18, § 3, D., *De pign. act.*). Toutefois, il ne faudrait pas prendre le principe que nous venons d'établir trop à la lettre; notre règle ne doit pas s'appliquer aux transformations purement immobilières, comme, par exemple, à une maison dont on fait un jardin, et réciproquement. Bien que la forme soit changée, le fond existe toujours.

L'usufruit, au contraire, serait éteint par un semblable changement, parce que l'usufruit est un droit de jouissance, et que la jouissance a été détruite dans sa substance, tandis que l'hypothèque étant un droit de préférence sur le prix du fonds, rien ne fait obstacle à ce qu'elle continue d'exister autant que le fonds.

Il peut se faire qu'un créancier se soit fait assurer sa créance par deux hypothèques, l'une spéciale, et l'autre générale. Au premier abord, on croirait que le créancier a un droit sur tous les biens de son débiteur ; mais il a été décidé qu'il ne pourrait vendre les biens qui lui ont été affectés d'une hypothèque générale qu'après ceux qui lui ont été affectés d'une hypothèque spéciale.

CHAPITRE IV.

POUR QUELLES OBLIGATIONS ON PEUT CONSTITUER UN GAGE.

Nous avons déjà dit que le gage ne peut exister qu'autant qu'il a pour fondement une obligation. La loi 5, *pri.* D , *de pign. et hyp.*, déclare que toute espèce d'obligation peut donner lieu à un gage ; peu importe qu'elle soit pure et simple, à terme ou conditionnelle, civile ou prétorienne, même purement naturelle. Il n'est donc pas nécessaire que l'obligation donne une action au créancier : il suffit qu'elle soit telle que le débiteur qui a payé ne puisse plus répéter ; qu'elle soit susceptible d'être cautionnée.

La loi 14, § 1, déclare, au même titre, qu'une obligation naturelle suffit pour maintenir le gage ; mais il ne faudrait pas en conclure, *a contrario*, qu'une obligation naturelle ne suffirait pas pour donner naissance au gage : la loi 5 *pri.* nous montre le contraire. Les cas auxquels la loi 14 se rapporte, sont ceux dans lesquels l'obligation primitivement civile a dégénéré ensuite en une obligation naturelle, comme si le créancier avait perdu son action par l'effet d'une plus pétition, ou bien encore, s'il y avait lieu à l'exception *rei residuæ* (1), lorsque le créancier, au lieu de demander en même temps au préteur action pour toutes ses créances contre un même débiteur, en a omis quelques-unes. Alors, en effet, la dette n'a pas été éteinte ; elle existe toujours, si bien que, la préture finie, le créancier recouvrera son action personnelle, dont il a été jusque-là momentanément déchu. Ainsi, l'action hypothécaire subsiste, comme elle subsiste malgré l'extinction de l'action personnelle en cas de plus pétition.

Il y a des obligations que le gage ne peut pas garantir. Ce sont celles que le *jus civile improbare videtur*, dont la nullité peut être considérée comme étant d'ordre public : telles sont, par exemple, les obligations prévues par le sénatus-consulte Macédonien. Ce n'est pas qu'il soit absolument vrai que ces obligations ne soient jamais susceptibles d'être garanties par un gage. Un fils de famille emprunte une somme d'argent, un tiers affecte un de ses biens en hypothèque pour la garantie de l'obligation ; ce tiers pourra-t-il profiter du bénéfice du sénatus-consulte Macédonien, comme le fils de famille dont il a garanti la dette ? Pour répondre à cette question, une distinction doit être faite. Si le tiers a un recours contre le fils de famille, il pourra invoquer le sénatus-consulte contre la validité de l'hypothèque, car sans cela, on ne saurait lui refuser, par contre-coup, une action récursoire contre le fils de famille, et alors le

---

(1) Gaïus, Inst. comm., 4, § 122.

sénatus-consulte manquerait complétement son effet. Si, au contraire, le tiers qui a engagé son bien l'a fait *animo donandi*, il a par cela même affranchi le fils de famille de tout recours de sa part, et il ne sera pas protégé par un sénatus-consulte qui n'a pas été fait pour lui. Supposons maintenant qu'un tiers a consenti une hypothèque pour garantie de l'obligation qu'une femme a contractée en violation du sénatus-consulte Velléien ; l'hypothèque est toujours paralysée sans qu'il y ait aucune distinction à faire par l'exception du sénatus-consulte.

Pourquoi la loi protége-t-elle, dans tous les cas, le tiers constituant pour une femme, en lui accordant l'exception tirée du sénatus-consulte Velléien, tandis que, malgré le secours du sénatus-consulte Macédonien, le gage constitué par un tiers sera valable toutes les fois que le constituant n'aura pas de recours contre le fils de famille ? La raison est que le sénatus-consulte Velléien a été fait dans l'intérêt des femmes, et qu'il protége même leurs garants. Au contraire, le sénatus-consulte Macédonien a été fait moins dans l'intérêt des fils de famille qu'en haine de ceux qui leur prêtent de l'argent ou de ceux qui encouragent ces prêts en offrant des garanties aux prêteurs. Aussi, ces derniers ne sont-ils pas protégés toutes les fois qu'ils doivent souffrir seuls, qu'ils n'ont pas de recours, ni contre le fils de famille, ni contre son père.

Les obligations absolument nulles, ou celles qui sont paralysées par une exception perpétuelle, comme les exceptions *doli mali* et *quod metus causa*, ne peuvent donner lieu à une hypothèque ; mais si, en constituant le gage, le débiteur connaissait l'existence de cette exception perpétuelle en sa faveur, le gage qu'il aurait établi dans ces circonstances serait valable, car le débiteur serait réputé avoir renoncé au bénéfice de l'exception. Il en serait différemment dans le cas où il s'agirait d'un débiteur n'ayant pas la capacité nécessaire pour cette renonciation.

La loi 5, § 2, D., *De pign. et hyp.*, dit qu'on ne peut engager la chose, soit pour sa propre dette, soit pour celle d'autrui. La femme qui avait engagé sa chose pour l'obligation d'autrui pouvait invoquer l'exception du sénatus-consulte Velléien, si elle était actionnée ; car, quand on on ne peut pas engager sa personne pour garantir l'obligation d'autrui, on ne peut pas non plus engager sa chose dans ce but (1).

Nous avons dit que le gage peut garantir une obligation pure et simple, à terme ou sous condition. Quand la dette est conditionnelle, il faut distinguer si l'existence de cette dette dépend d'un événement subordonné à la volonté de l'une des parties. Dans ce cas, le gage n'existe que lorsque la dette a pris naissance définitivement ; mais si l'existence de la dette est soumise à un événement indépendant de la volonté des parties, il a un effet immédiat, en ce sens que, sans pouvoir poursuivre la vente du gage avant l'échéance de la dette, le créancier pourrait, en cas de gage proprement dit, agir, même avant l'événement de la condition, pour recouvrer la possession de la chose engagée, s'il en avait été dépouillé.

---

(1) M. Pellat, à son cours.

L'hypothèque garantit non-seulement la dette principale, mais même les accessoires de la dette, tels que les intérêts, clauses pénales, etc., pourvu que ces accessoires aient été stipulés au moment de la constitution de l'hypothèque.

CHAPITRE V.

QUI PEUT CONSTITUER UN DROIT DE GAGE.

Le droit de gage ou d'hypothèque ne peut être constitué que par une personne qui a *in bonis suis* la chose donnée en gage ou en hypothèque. Une chose est *in bonis nostris*, lorsqu'en la possédant nous avons une exception pour la conserver, et, en la perdant, une action pour la recouvrer.

Parmi les personnes qui jouissent de ce droit, il faut citer d'abord le propriétaire, à moins qu'il ne se trouve dans des cas exceptionnels, comme le pupille, qui ne peut hypothéquer *sine tutoris auctoritate.* Les femmes ne peuvent pas non plus hypothéquer leurs biens. Le sénatus-consulte Velléien les en empêche.

Le copropriétaire peut constituer une hypothèque sur l'immeuble pour la partie qui lui appartient. Qu'est-ce qu'il faut décider si l'un des copropriétaires établit une hypothèque pour partie, et que le partage survienne ensuite? Quel effet produirait-il? En droit français, le partage est déclaratif, c'est-à-dire que chaque cohéritier est censé avoir succédé seul et immédiatement à tous les effets compris dans son lot, et n'avoir jamais eu la propriété des autres effets de la succession. De là, il résulte que l'existence de l'hypothèque dépend de l'événement du partage : si l'immeuble hypothéqué tombe dans le lot de celui qui a constitué l'hypothèque, l'hypothèque est valable pour le tout ; mais si, au contraire, l'immeuble hypothéque ne tombe pas dans le lot de celui qui a constitué l'hypothèque, alors l'hypothèque n'est pas valable, car le constituant n'ayant jamais été propriétaire des effets qui n'ont pas été compris dans son lot, il n'a pas pu, par conséquent, les grever d'hypothèques.

Dans le droit romain, le partage était attributif de propriété ; le partage était un véritable acte d'acquisition et d'aliénation ; chacun des copartageants acquérait de l'autre, par le partage, la part de propriété indivise qui lui manquait auparavant pour être propriétaire exclusif des effets compris dans son lot, de même qu'il aliénait en sa faveur sa part sur les effets compris dans l'autre lot. De là il résulte que, si l'un des copropriétaires avait hypothéqué la part indivise qu'il avait dans un immeuble, et que plus tard cet immeuble eût été partagé par moitié, l'hypothèque ne frapperait pas pour le tout la moitié qui a été attribuée à celui qui a constitué l'hypothèque ; mais elle subsisterait pour moitié sur chacune des parties divisées.

Du temps de Justinien, l'action Publicienne ne se donnait que dans deux cas : la différence entre les choses *mancipi* et *nec mancipi* n'existant plus ; de plus, l'usucapion et la prescription ayant été confondues ensemble, elle se donnait lorsqu'une chose avait été reçue en vertu d'une cause translative de propriété et de bonne foi, mais d'une personne qui n'en était pas propriétaire, et que le possesseur en voie de l'usucaper, en avait perdu la possession avant l'expiration du temps nécessaire pour l'usucapion ; elle se donnait, en dernier lieu, à celui qui, tout ayant reçu la chose du véritable propriétaire, en avait perdu la possession, et préférait intenter la Publicienne au lieu de la revendication, car, en intentant la première, il n'était pas obligé à justifier du droit de propriété de ses auteurs.

Maintenant, je suppose qu'une personne protégée par la Publicienne ait grevé d'une hypothèque l'immeuble protégé ; rigoureusement, cette hypothèque devrait être nulle, car il n'était pas propriétaire, mais seulement en voie de le devenir. Cependant, le préteur protége de la même fiction le créancier que le possesseur, et l'hypothèque vaudra. Si le constituant opposait au créancier son défaut de propriété, le créancier le repousserait par l'exception de dol ; le créancier aurait contre les tiers une action quasi-Servienne qui serait fondée sur la Publicienne : seulement, cette action ne triompherait pas contre le propriétaire, elle se briserait, comme la Publicienne, contre l'exception *justi dominii*.

L'usufruitier peut également hypothéquer, non pas son droit d'usufruit, car il est inhérent à la personne, mais l'avantage, la faculté de recueillir les fruits à sa place, en cas de non payement, et de les vendre. L'étendue des droits conférés au créancier par cette hypothèque sera la même que celle des droits conférés par la vente, que l'usufruitier peut faire de son usufruit à un tiers.

L'usager, au contraire, n'a pas ce droit, puisqu'il ne peut pas abandonner à une autre personne l'exercice de son usage.

L'emphytéote (1. 31, D., *De pign.*), la superficiaire (1. 13, § *ibid.*), ayant sur le fonds une sorte de droit réel imitant la propriété, puisque le préteur leur donne une action utile en revendication, peuvent constituer un droit de gage dont les effets seront limités à la durée de leurs droits. Par suite, si l'emphytéote qui a constitué le gage cesse d'acquitter au bailleur la redevance (*solarium*), et que le créancier hypothécaire ne la lui paye pas non plus, le gage sera éteint; car, le preneur, qui n'avait reçu le fonds qu'à condition de payer la redevance, n'avait pu hypothéquer que sous la même condition. Mais il ne faudrait pas dire que le droit de gage cesse dans le cas où l'emphythéote qui l'a constitué, voulant vendre le fonds, ou l'ayant déjà vendu, le bailleur exerce son droit de préemption. Le créancier conserve son droit de gage intact. En effet, il n'a rien à se reprocher, comme dans le cas où il n'a pas acquitté la redevance: il ne pouvait pas empêcher le bailleur d'exercer son droit de préemption. Le bailleur est considéré ici comme un acheteur, et il doit subir les charges que supporterait celui-ci, c'est-à-dire qu'il n'a pu acquérir le fonds que *cum sua causa*, avec l'hypothèque qui le grevait.

Il faut donc bien distinguer, au point de vue de l'existence du droit de gage, si le fonds a été repris par le bailleur, en vertu de la convention faite lors du bail, hypothèse indiquée dans la loi 31, D., *De pign. et hyp.*, ou si c'est par suite de l'exercice du droit de préemption.

Le procureur peut hypothéquer les biens de son mandant, s'il en a reçu pouvoir, et il le pourrait quand même il n'aurait pas reçu mandat spécial, s'il était chargé de l'administration des biens d'une personne qui avait l'habitude d'emprunter hypothécairement.

Le fils de famille et l'esclave peuvent hypothéquer le pécule dont ils ont la libre administration, pourvu que cette hypothèque garantisse leur propre dette et non celle d'autrui, car ils sont capables d'aliéner à titre onéreux, mais non à titre gratuit, les choses comprises dans le pécule.

Il ne suffit pas d'être propriétaire d'une chose pour pouvoir l'hypothéquer, il faut encore pouvoir disposer de ses biens. Le pupille, le fou, ne pourront donc pas constituer par eux-mêmes de droit de gage ou d'hypothèque ; ils seront remplacés par leurs tuteurs ou curateurs. Les tuteurs ou curateurs pouvaient hypothéquer les choses mobilières et les *prædia urbana* des pupilles ou des fous *sine decreto prætoris*. Il n'en était pas de même pour les *prædia suburbana* et les *prædia rustica;* pour ceux-là il fallait un *decretum prætoris*. Constantin modifia ce droit en exigeant le *decretum prætoris*, même dans le cas où la constitution d'hypothèque portait sur les *prædia urbana* ou sur des meubles de prix (1).

CHAPITRE VI.

QUI PEUT RECEVOIR UN GAGE.

Tout créancier ne peut pas recevoir un gage, car il faut qu'il soit capable de s'obliger ; ainsi, le pupille ne peut pas recevoir un gage sans l'autorisation de son tuteur.

-----

(1) Loi 22, C., *De adm. tut.*

Un procureur ne peut acquérir le droit de gage pour son mandant ; il peut seulement lui acquérir la possession d'un gage déjà obligé, c'est-à-dire dont la convention a été faite par le mandant lui-même (1). On oppose à cette décision la loi 21, pr., D., *De pign.*, qui, supposant une convention d'hypothèque entre mon fermier et mon procureur, ajoute : « *Quasi inter me et colonum meum convenisse videatur* » ; cette loi ne peut s'expliquer qu'autant que le procureur a cédé son action au mandant. Rappelons ici que, sous Justinien, il était un cas, celui du *mutuum*, où l'on pouvait acquérir l'action hypothécaire *per procuratorem* (2).

L'*adjectus solutionis causa*, son nom l'indique, n'a de pouvoir qu'à l'effet de recevoir payement ; le débiteur qui lui aurait donné un gage pourrait le redemander, même sans payer (Loi 33, *eod. tit.*).

CHAPITRE VII.

QUELLES CHOSES PEUVENT ÊTRE HYPOTHÉQUÉES.

En général, nous ne pouvons pas grever d'hypothèque une chose qui ne nous appartient pas ; cependant, il y a des cas exceptionnels où la chose d'autrui peut être hypothéquée valablement.

Il y a ratification tacite dans le cas où le propriétaire,

---

(2) L. 11 § 6, h. t.
(3) L. 2, C., *Per quas pers.*

connaissant qu'un tiers a hypothéqué sa chose, garde le silence.

L'hypothèque conférée sur la chose d'autrui est valable aussi quand elle a été constituée sous cette condition : si le constituant devient plus tard propriétaire de l'objet, *si res debitoris facta fuerit* (L. 16, § 7, D., *De pign*.).

Lorsque la constitution de gage est générale, elle comprend les biens futurs. La convention d'une hypothèque générale sur les biens présents et à venir est permise, parce qu'on sous-entend cette condition : *si ces objets deviennent la propriété du constituant.*

Lorsque la chose qui a été hypothéquée était due ou qu'elle a été elle-même donnée en gage au constituant (L. 1, pr. D., *De pign. et hyp.;* L. 13, § 2, *eod.;* L. 3, § 1, D., *Qui potiores*).

En dehors des cas mentionnés plus haut, le créancier, au profit duquel son débiteur a voulu constituer un droit de gage ou d'hypothèque sur des biens qui ne lui appartiennent pas, n'aura pas d'action hypothécaire directe, quand même ce débiteur deviendrait plus tard propriétaire de ces biens.

Une question s'élève ici : on se demande pourquoi la chose d'autrui ne peut pas être hypothéquée, tandis qu'elle peut être vendue. La raison est que la vente ne crée pas de droit réel sur la chose vendue, tandis que la constitution d'un droit de gage ou d'hypothèque, donne lieu à un droit réel. La vente ne donne lieu qu'à une action *ex empto* ou *ex stipulatu*. Le vendeur ne garantit à l'acheteur que la possession paisible de la chose vendue. On conçoit dès lors que le simple possesseur de la chose d'autrui puisse s'obliger vis-à-vis d'un tiers à lui en fournir la possession paisible sauf recours en cas d'éviction : *Obligatus est venditor ut rem emptori habere liceat, non etiam ut ejus faciat.* Au contraire, dans l'hypothèque il y a transport d'un droit réel sur la chose qui est affectée : or, *nemo plus juris dare potest in rem quam ipse habet.*

Maintenant, si nous supposons que le débiteur devienne plus tard propriétaire de la chose qu'il a hypothéquée, donnera-t-on au moins une action hypothécaire utile au créancier contre le débiteur ?

Papinien est tantôt pour l'affirmative, tantôt pour la négative, selon que le créancier savait ou ignorait que la chose qu'on lui constituait en gage fût à autrui.

Le créancier savait que cette chose était à autrui. Dans ce cas, il n'aura pas d'action hypothécaire utile, il pourra seulement invoquer un droit de rétention. S'il possède le gage, *non decipitur, sed se ipsum decipit.*

Le créancier fera valoir son droit de rétention au moyen de l'exception de dol qu'il opposera au débiteur si celui-ci agit en revendication contre lui ; mais il ne pourrait pas opposer cette exception aux autres créanciers auxquels le débiteur aurait hypothéqué valablement cette chose, depuis qu'elle est devenue sienne. En effet, l'exception tirée du dol de l'auteur ne nuit pas à son successeur quand celui-ci ne veut pas faire un profit.

La loi 25, D., *De pig. et hyp.*, semble faire opposition à la loi 1, pr., du même titre et à ce que nous venons de dire, et, refusant au créancier le droit de rétention quand le gage a été constitué *vitiose vel inutiliter,* elle est ainsi conçue : *Cum vitiose vel inutiliter contractus pignoris intercedat, retentioni locus non est, nec si bona creditoris ad fiscum pertineant.*

Il n'y a pas là réellement contradiction. La loi 25 prévoit le cas où le mari aurait, contrairement à la loi Julia, constitué un droit de gage sur le fonds dotal. Au contraire, dans la loi 1, il s'agit d'une constitution de gage défectueux, il est vrai, mais que le préteur juge mériter sa protection et pour laquelle il donne par équité un droit de rétention et quelquefois même une action hypothécaire utile.

Le créancier ignorant que la chose fût à autrui, le préteur lui accordera une action hypothécaire utile (L. 1). Paul est du même avis (Loi 41, D., *De pignerat. act.*).

Cette décision semble en contradiction avec un principe de droit : *Quod ab initio non valet, ex post facto convalescere non potest ;* mais l'on sait que cette règle cesse toutes les fois qu'il y est dérogé par une loi spéciale ou une constitution. On doit ajouter encore que la règle *quod ab initio*, etc., doit être entendue en ce sens, qu'il ne sera pas donné au créancier une action directe, parce que la rigueur du droit s'y oppose, mais qu'il lui sera donné une action hypothécaire utile, dans le cas où l'équité serait blessée s'il en était autrement.

On s'est demandé si le créancier qui a reçu de bonne foi la chose d'autrui pourrait avoir une action hypothécaire utile contre le propriétaire de la chose qui viendrait à succéder au débiteur. Nous sommes pour l'affirmative. En effet, l'héritier doit ratifier les actes du défunt, quand même ils auraient été faits par celui-ci sur les biens de cet héritier et sans son consentement. C'est ce que décide Modestin dans la loi 22 de notre titre : *Si Titio, qui rem meam ignoranti creditori suo pignori obligaverat, heres exstitero, ex post facto pignus directo quidem non convalescit , sed utilis pigneratitia dabitur creditori.*

Cette question avait été très-agitée parmi les jurisconsultes romains. Paul, dans la loi 41, D., *De pignerat. act.,* nous donne une décision opposée à celle de Modestin : *Rem alienam pignori dedisti, deinde dominus rei ejus esse cœpisti; datur utilis actio pignoratitia creditori. Non est idem dicendum si ego Titio, qui rem meam obligaverat sine mea voluntate, heres exstitero; hoc enim modo pignoris persecutio concedenda non est creditori : neque utique sufficit ad competendam utilem pigneratitiam actionem eumdem esse dominum, qui etiam pecuniam debet.*

Plusieurs systèmes ont été présentés pour concilier les lois de Paul et de Modestin. Nous allons les exposer.

Premier système. — Les jurisconsultes Paul et Modestin n'ont pas en vue la même action. Dans ce système, Modestin accorde au créancier contre l'héritier l'action personnelle *pigneratitia contraria*, il ne s'occupe pas de l'action hypothécaire.

Le précédent système n'est pas vraisemblable; car, pour accorder l'action *pigneratitia contraria* au créancier, il faudrait qu'il y eût eu un contrat de gage formé par tradition, et ce n'est pas là ce que suppose le jurisconsulte dans la loi 22; il ne dit pas : *si Titio qui rem meam ignorante me creditori suo pignori dederit,* mais il dit, *pignori obligaverit,* ce qui indique qu'il y a eu seulement constitution d'hypothèque par simple convention, sans tradition. Une autre preuve que le jurisconsulte Marcien n'avait pas en vue l'action *pigneratitia contraria,* c'est qu'il qualifie cette action d'*utile.* La place qu'occupe cette loi prouve encore que le jurisconsulte n'a pas voulu parler de l'action *pigneratitia contraria,* dont il est traité spécialement au titre 7 du livre 13.

Deuxième système. — Les partisans de ce système déclarent que les deux auteurs ont eu en vue l'action hypothécaire; seulement, Modestin supposerait que la constitution d'hypothèque a eu lieu sans que l'héritier le sût, tandis que Paul supposerait que l'hypothèque a été établie contre la volonté de l'héritier. Cet argument n'est pas sérieux ; l'absence de consentement de la part du propriétaire est le même, soit qu'il n'ait pas connu l'hypothèque, soit qu'il l'ait connue et se soit opposé.

Troisième système. — Les partisans de ce système s'appuient sur le texte même de la loi 41 ; ils déclarent que le jurisconsulte Paul, de même que Modestin, dans la loi 22, accorde l'action hypothécaire au créancier. Seulement, cette loi 41 ferait remarquer que dans la deuxième hypothèse qu'elle prévoit, cette action est donnée par suite de considérations différentes de celles qui la font accorder dans la première hypothèse. Tel est le sens des mots : *hoc enim modo pignoris persecutio non est concedenda creditori.* Dans la première hypothèse, prévue par la loi 41, on donne au créancier l'action hypothécaire utile, parce que, pour le repousser, le débiteur serait obligé d'invoquer son dol ; dans le second cas, on l'acorde parce que l'héritier est tenu de reconnaître les faits de son auteur.

Ce système s'éloigne trop du sens exact de la loi de Paul.

Quatrième système. Il consiste à reconnaître , et nous adoptons cette solution, que ces deux lois sont contradictoires et qu'on ne peut pas les concilier. La différence que l'on remarque entre elles tient à ce que Paul et Modestin ne vivaient pas à la même époque; il est probable qu'au temps de Paul on n'accordait pas encore d'action hypothécaire utile au créancier dans l'hypothèse que nous venons de voir, tandis qu'on la lui donnait à l'époque de Modestin, qui vivait au temps des Gordiens, comme semble le prouver la loi 5, C., *Ad exhibendum*. C'est sans doute par mégarde que les rédacteurs des Pandectes ont inséré, à la fois, dans leur ouvrage, et la décision de Modestin et l'avis abandonné de Paul (1). Une autre considération qui contribue à rendre vraisemblable une divergence d'opinions entre les deux jurisconsultes, c'est que la loi **22** est tirée des *Libri differentiarum* de Modestin, ouvrage dont le titre indique des questions délicates sur lesquelles les jurisconsultes devaient souvent ne pas se trouver d'accord (1).

Nous savons que le fait d'hypothéquer sciemment la chose d'autrui constitue un stellionat, délit que les lois romaines punissaient très-sévèrement ; les mines, pour les *humiliores personæ* ; la relégation temporaire, pour les personnes d'une condition plus élevée.

Pour que le créancier puisse intenter l'action hypothécaire, il faut que la chose hypothéquée ait été *in bonis debitoris* au jour de la convention d'hypothèque. On peut trouver des exceptions à cette règle ; ainsi on peut engager des choses qui n'existent pas encore, mais qui doivent exister plus tard : ainsi les fruits pendants, le part ou le croît à naître. Un pareil engagement peut émaner d'un propriétaire ou d'un usufruitier (L. 15, D.,

---

(1) M. Pellat ; M. Machelard.

De pign.); mais il faut au moins que le fonds, l'enclave, ou le troupeau soit *in bonis debitoris* au jour de la convention.

Il y a des personnes qui peuvent recevoir en gage des objets qu'elles ne pourraient acquérir : tels étaient les présidents des provinces, qui ne pouvaient acheter d'immeubles dans l'étendue du territoire soumis à leur administration. Cette prohibition avait été créée pour prévenir deux résultats également fâcheux : d'un côté on craignait qu'ils n'abusassent de leur autorité pour se faire vendre ces biens à vil prix ; de l'autre, on craignait qu'après avoir acquis des domaines considérables dans leur province, ils ne s'y établissent en quelque sorte en princes.

Les principes du droit primitif étaient contraires à la constitution de gage sur les choses incorporelles, car elles ne sont pas susceptibles de possession ; mais le préteur introduisit une quasi-possession qui en tint lieu.

Du reste, en introduisant l'hypothèque, il dispensa de toute possession. De là la règle, qu'on peut hypothéquer même des choses incorporelles.

L'usufruit qu'on a sur une chose peut être hypothéqué, mais ce ne sera pas le droit d'usufruit lui-même qui pourra être hypothéqué, puisque ce droit ne peut pas être cédé à un étranger, mais seulement l'exercice de ce droit, qui peut toujours être vendu. Ceci est vrai pour l'hypothèque de l'usufruit par l'usufruitier ; mais le propriétaire peut fort bien hypothéquer le droit d'usufruit lui-même : le créancier alors ne deviendra pas usufruitier, il pourra seulement recueillir les fruits, si le droit lui en a été accordé ; mais, à défaut de payement à l'échéance, il vendra l'usufruit, et l'acquéreur sera usufruitier; ce que le propriétaire hypothèque, c'est donc un droit d'usufruit à constituer sur la tête de l'acquéreur.

On peut hypothéquer une créance; l'hypothèque des créances offre cette particularité remarquable, qu'elle ne donne pas d'action réelle: or, une créance, par sa nature même, ne comporte pas de revendication. La créance hypothéquée est comme cédée; si le créancier hypothécaire n'est pas payé à l'échéance, il poursuivra le débiteur de son débiteur, jusqu'à concurrence de la somme pour laquelle les deux créances se rencontrent; il intentera cette poursuite, soit comme mandataire de son débiteur (*procurator in rem suam*), soit même en son nom personnel, au moyen de l'action utile de la créance, loi 20, D., *De pign.*; ou bien encore, il vendra la créance hypothéquée, et l'acheteur aura pour se faire payer la même action utile qu'aurait eue son vendeur. En tout cas, le débiteur du débiteur ne peut être poursuivi, qu'autant que les deux créances sont actuellement échues, et qu'il n'a pas payé à son propre créancier avant d'avoir reçu, du créancier hypothécaire, notification du *pignus nominis* (1). Si le créancier qui a donné sa créance en gage voulait, nonobstant cet engagement, en exiger l'acquittement, le débiteur aurait une exception pour repousser sa demande. Si la créance hypothéquée a pour objet une somme d'argent, le créancier gagiste, après avoir obtenu le payement, compensera la somme ainsi reçue avec sa créance, si elle a pour objet autre chose qu'une somme

---

(1) Loi 4, C., *Quas res pign.*]

d'argent; il gardera cet objet *pignoris loco* (1). La créance hypothéquée peut être elle-même une créance hypothécaire, et l'hypothèque de cette créance entraîne nécessairement alors hypothèque de l'hypothèque qui la garantit. Le créancier du créancier aura l'action quasi-Servienne utile.

A ces choses incorporelles, susceptibles d'hypothèque, faut-il ajouter le droit de gage? Nul doute que le *pignus pignoris* ne soit admis; mais quelle est la portée de cette hypothèque? Est-ce le gage en tant que chose incorporelle, est-ce la chose corporelle grevée du gage que frappe le *pignus pignoris*? Si nous consultons les textes, nous y verrons que c'est toujours le *res pignorata*, ce n'est jamais le *jus pignoris* qu'ils nous montrent hypothéqué. Le gage a conféré au créancier un droit réel sur la chose; en vertu de ce droit réel, il la grève à son tour d'un nouveau gage, mais il ne peut la grever que dans les limites de son propre droit; par conséquent, le créancier du créancier ne peut faire vendre à défaut du payement, qu'autant que ces deux dettes sont actuellement exigibles et non payées, c'est-à-dire que le payement que recevrait le créancier, en assignant son hypothèque, éteindrait aussi celle qu'il a constituée, *secundi pignoris neque persecutio dabitur neque retentio relinquetur*, dit la loi 40, § 2, D., *De pign. act. Secundi pignoris!* c'est donc bien un second gage sur la chose (2).

C'est une question controversée entre les commenta-

---

(1) Loi 18, pr. D., *De pign. act.*
(2) M. Pellat, trad. de Schilling, pag. 18, obs.

teurs, qui voient dans le *pignus pignoris* l'engagement du droit incorporel d'hypothèque, que celle de savoir si l'hypothèque sur l'hypothèque emporte hypothèque sur la créance.

S'il en était ainsi, le créancier gagiste aurait, comme nous venons de le dire, une action utile contre le débiteur de son débiteur, avec le droit d'empêcher, par une dénonciation de l'hypothèque établie à son profit, que le payement pût être être valablement fait en d'autres mains que les siennes ; mais pour nous, qui faisons porter le *pignus pignoris* sur la chose hypothéquée, et non pas sur un droit, nous ne pensons pas, en l'absence de texte qui le décide, que, pour avoir consenti à son créancier une hypothèque sur la chose hypothéquée, on ait suffisamment manifesté l'intention de lui hypothéquer sa créance même, c'est-à-dire de s'en dépouiller, de la lui céder.

Pour les droits d'emphytéose et de superficie, même question. Est-ce le droit, est-ce la chose qui est hypothéquée? Les textes relatifs à ce sujet supposent que l'on a hypothéqué *vectigale prædium* (1), *superficiem in alieno solo positam* (2), *fundum vectigalem*, c'est-à-dire toujours la chose corporelle, jamais le droit lui-même.

Parmi les choses incorporelles, on rencontre encore les servitudes prédiales. Peut-on les hypothéquer? Les servitudes prédiales, tant urbaines que rurales déjà établies, peuvent être hypothéquées, lorsque celui qui en

---

(1) Loi 16, § 2, D., *De pign. act.*
(2) Loi 15, D., *Qui pot. in pign.*

profite, hypothèque en même temps l'immeuble auquel elles sont attachées.

Mais le propriétaire du fonds dominant pourrait-il hypothéquer séparément les servitudes déjà établies en faveur du fonds dominant, sans le fonds? Tout le monde est d'accord pour répondre négativement à cette question, en ce qui concerne les servitudes urbaines. En effet, l'utilité du gage repose tout entière dans la possibilité, pour le créancier, de vendre, à défaut de payement, l'objet hypothèqué. Les servitudes urbaines ne peuvent pas être vendues séparément du fonds dominant, car elles ont un caractère de fixité qui s'oppose à ce qu'elles soient exercées par une autre personne que le propriétaire de ce fonds.

Quant aux servitudes rurales, quelques auteurs, se fondant sur ce que Marcien, dans la loi 11, § 3, D., *De pign. et hyp.*, ne parle que des servitudes urbaines, en concluent *a contrario*, que la même prohibition ne frappe pas les servitudes rurales, et que le propriétaire du fonds dominant, au profit duquel elles sont établies, peut les hypothéquer isolément. Nous n'admettons pas cette opinion ; en effet, toute servitude prédiale est attachée, non pas à la personne, mais à un fonds déterminé (dans notre hypothèse à celui du débiteur), ainsi que nous venons de le dire, duquel elle ne peut pas être séparée (1). Elle ne peut donc pas être transférée par vente à une autre personne, tant que le fonds dominant reste chez le débiteur, ni par conséquent être hypothé-

____

(1) L. 34, *De servit. præd. rust.*, D., 8, 3.

7076   4

quée par lui, s'il n'hypothèque pas en même temps ce fonds dominant.

Nous concluons donc que les servitudes prédiales déjà établies, qu'elles soient urbaines ou rurales, ne peuvent pas être hypothéquées seules, c'est-à-dire sans le fonds dominant.

CHAPITRE VIII.

QUELLES CHOSES NE PEUVENT ÊTRE HYPOTHÈQUÉES.

Les choses qui ne peuvent être vendues ne peuvent pas être hypothéquées ; ainsi les choses qui sont hors du commerce, les choses de droit divin, un terrain religieux, les hommes libres ; et le créancier qui avait sciemment consenti à recevoir un gage de ce genre était puni de la relégation. De plus, la Novelle 134 le déclare déchu de sa créance, et le condamne à payer égale somme à l'homme libre qui a été indûment hypothéqué. La loi 20 au Code *De postiliminio reversis*, établit une sorte de droit de gage sur l'homme libre *ab hostibus redemptus*, jusqu'à ce qu'il ait remboursé sa rançon ou qu'il se [soit libéré par un travail de cinq ans.

Les choses litigieuses ne peuvent pas être hypothéquées; cette prohibition, appliquée d'abord seulement aux immeubles, fut étendue plus tard aux meubles (1). La loi 18, D., *De rei vind.*, semblerait, il est vrai, faire obstacle à

______

(1) L. 1, § 2, D., *Quæ res pign.*

cette proposition. Mais, selon nous, cette loi parle du cas où la chose litigieuse est donnée en gage pour une de ces causes en vertu desquelles elle pourrait aussi être aliénée, par exemple *ex causa dotis*.

Nous avons dit qu'il y a des personnes qui peuvent hypothéquer une chose quoiqu'elles ne l'aient pas *in bonis*, si elles agissent d'après la volonté de celui à qui cette chose appartient. Ainsi le procureur peut valablement hypothéquer la chose du maître.

Si le procureur a emprunté de l'argent et qu'il ait, à cette occasion, donné un gage contrairement à la volonté du maître, ce dernier, dans le cas où l'argent lui aurait profité, viendrait à tort demander au créancier le gage que celui-ci détient, puisqu'il a reçu de l'argent à l'occasion de cette chose et qu'il se sert de cet argent sans vouloir le rendre (1). Ce droit de rétention étant ici le résultat du dol du maître, ne pouvait pas être opposé si le revendiquant était une autre personne.

Le fils de famille, l'esclave, qui ont reçu la libre administration de leur pécule, constituent valablement un droit de gage sur la chose du pécule, quoiqu'elle appartienne au père de famille ou au maître, car ils agissent ainsi en vertu du pouvoir qu'ils ont reçu du propriétaire. Toutefois, il n'en est ainsi que si le fils de famille et l'esclave donnent cette hypothèque au sujet de l'administration du pécule, à moins que le père de famille ou le maître ne les aient autorisés même à donner les choses du pécule.

---

(1) L. 1, C., *Si alien. res.*

CHAPITRE IX.

Même après la constitution de gage, le constituant demeure propriétaire de la chose engagée ou hypothéquée,
tant qu'elle n'a pas été régulièrement vendue. De là il résulte :

1° Que les risques de la chose, les augmentations ou
diminutions accidentelles, sont pour le compte du constituant (L. 21, § 2, D., *De pign.*).

2° Que celui-ci conserve la jouissance de la chose hypothéquée, à moins que ce droit n'ait été transféré au
créancier pour quelque cause particulière ;

3° Que le constituant peut disposer de la chose en tant
qu'il n'atteint pas le droit de créancier. Il pourra donc
grever cette chose de servitudes, ou de nouvelles hypothèques. Dans ce dernier cas, pour éviter le crime de
stellionat, il doit avertir ce second créancier, que la chose
qu'il lui hypothèque a déjà été engagée à un premier
créancier (L. 65, § 2 *cod. tit.*), à moins que l'excédant de
valeur de la chose sur la première dette ne soit suffisant
pour garantir le deuxième créancier.

On s'est demandé ce qui arriverait si le débiteur, en
conférant le droit de gage sur une chose déjà affectée à
un premier créancier, a dit qu'il hypothéquait cette chose
pour l'excédant. Doit-on admettre dans ce cas que, si le
premier créancier vient à être payé sans avoir besoin de

recourir à son droit de gage, l'hypothèque constituée au deuxième créancier grèvera la chose entière? Gaïus admet cette solution. En effet, on a entendu ici hypothéquer ce qui resterait de la chose après qu'elle serait débarrassée de l'hypothèque du premier créancier. Or, si celui-ci est payé autrement que par le prix du fonds, il reste entièrement libre; la totalité de l'objet doit donc être soumise au droit de gage (L. 15 § 2, *eod. tit.*).

Le constituant peut aliéner la chose, mais l'hypothèque la suivra entre les mains du nouveau propriétaire, à moins que l'aliénation n'ait eu lieu avec le consentement du créancier, comme nous en avons vu un exemple dans le cas où il s'agit des marchandises d'une *taberna* qui à été hypothéquée (L. 34 *eod. tit.*).

Si le débiteur vend, sans le consentement et à l'insu du créancier, une chose mobilière spécialement hypothéquée, il se rend coupable de vol, ce qui n'empêche cependant pas la translation de la propriété à l'acquéreur.

Le constituant peut revendiquer contre les tiers autres que le créancier la chose hypothéquée, et même contre ce dernier si celui-ci n'a qu'une simple hypothèque, ou si, ayant reçu la chose en gage, il la garde après que la dette a été complétement éteinte.

CHAPITRE X.

DROITS DU CRÉANCIER GAGISTE OU HYPOTHÉCAIRE.

Le créancier gagiste proprement dit et le créancier hypothécaire ont certains droits qui leur sont communs.

I. Droit de vendre la chose à défaut de payement, à l'échéance de la dette.

II. Droit de se faire payer, sur le prix provenant de la vente, par préférence aux autres créanciers.

III. Droit de suite contre les tiers détenteurs.

Le créancier gagiste proprement dit, c'est à dire celui qui a reçu la chose, a le droit de la posséder et de la détenir jusqu'au payement. Le créancier hypothécaire, au contraire, n'acquiert ce droit que s'il n'est pas payé à l'échéance, et à cette époque sa position devient tout à fait la même que celle du créancier qui a reçu le gage lors de la convention.

Le créancier ne doit pas se procurer de sa propre autorité la possession de la chose hypothéquée, quand même il en aurait reçu le droit par la convention. Il doit recourir à l'autorité du magistrat (L. 3, *De pign. act.*) ; c'est là une mesure d'ordre public, dont la convention même intervenue entre les parties ne pourrait dispenser le créancier. Cependant celui-ci, en se mettant lui-même en possession de l'objet, ne pourrait pas, dans ce cas, être accusé d'une violence criminelle, comme dans le cas où il aurait enlevé le gage en dehors de toute convocation, puisqu'il a pour lui la volonté du débiteur. Aussi, ce sera par interdit *momentaneœ possessionis*, et non pas par l'interdit *unde vi*, que le créancier sera tenu de rendre la possession.

Le créancier gagiste proprement dit, et le créancier hypothécaire qui a obtenu la possession de l'objet, ont

---

(1) Paul, Sent., liv. 2, tit. 14, § 5.
(2) Cujas, sur la loi 3, *De pign. act.*, Cod.

les interdits. Ils leur servent à conserver et à recouvrer la possession de la chose engagée.

§ 1ᵉʳ *Droit de vendre la chose hypothéquée.*

Ce droit, sans lequel le droit de gage n'atteindrait pas son but, devient si essentiel à la convention de gage ou d'hypothèque, que le pacte *ne vendere liceat* ne pourrait pas lui-même l'enlever au créancier. La manière dont la vente du gage doit s'effectuer est exposée dans le livre **20**, au Digeste (*De distr. pign.*).

§ 2. *Droit de préférence.*

Ce qui concerne ce droit fait l'objet du titre 4 du livre **20** au Digeste (*Qui potior. in pign.*), dont nous n'avons pas à nous occuper.

§ 3. *Droit de suite.*

L'hypothèque est un droit réel, un démembrement de la propriété ; l'aliénation de la chose hypothéquée n'y porte donc aucune atteinte ; car ce n'est pas une obligation personnelle qui ne soit opposable qu'au débiteur, c'est un droit qui existe envers et contre tous, et qui permet au créancier d'agir contre tout détenteur. Il est vrai que le droit civil ne lui donne pour le faire aucune action, la *pignoratitia* n'a pas ce but ; née seulement de la *pignoris datio*, elle ne garantit que les obligations personnelles et réciproques auxquelles donne ou peut donner lieu la remise de gage. Mais la convention d'hypothèque, avec le droit réel qui en résulte, est une institution prétorienne ; c'est le préteur qui lui a attaché une action. Toujours est-il que le créancier a une action réelle, une *pignoris vindicatio*, comme le propriétaire a une *rei vindicatio* ; cette action, nous le savons, c'est l'action Servienne ou quasi-Servienne, au moyen de laquelle tout détenteur peut être contraint à payer ou délaisser.

L'action Servienne appartient non-seulement au premier créancier hypothécaire, mais aussi aux créanciers hypothécaires subséquents.

Le demandeur qui agit par l'action quasi-Servienne doit prouver son droit de créance, le fait de la constitution d'hypothèque, la circonstance qne le défendeur est en possession de la chose hypothéquée, ou qu'il a cessé de posséder par son dol (L. 16, § 3, D., *De pign. et hyp.*).

S'il agit contre un autre créancier hypothécaire, il doit de plus prouver qu'il lui est préférable.

Souvenons-nous aussi que le créancier doit établir que le débiteur avait la chose *in bonis suis*, au moment où il a constitué l'hypothèque. *Si paret rem, tempore quo contractum est, in bonis debitoris fuisse* (L. 15, § 1, *eod. tit.*).

Cependant, quand il ne s'agira pas d'un gage spécial, mais bien d'une hypothèque génerale, c'est-à-dire comprenant même les biens futurs du débiteur, le demandeur n'aura pas à faire cette preuve en ce qui concerne ces derniers biens ; ce qu'il devra prouver à tous égards, c'est qu'ils sont entrés depuis dans le patrimoine du débiteur.

Le créancier ne peut pas toujours intenter l'action hypothécaire de suite ; il faut distinguer s'il y a gage proprement dit ou simplement hypothèque.

S'il y a eu gage proprement dit, le créancier peut intenter l'action hypothécaire à quelque moment que ce soit, même avant l'échéance du terme pour le payement, afin de recouvrer la possession de la chose ; s'il y a eu simplement hypothèque, le créancier ne peut agir qu'autant qu'il n'y a pas eu payement à l'échéance. On suppose, en effet facilement, dans ce cas, que le terme mis à l'exercice de l'action personnelle s'étend aussi à l'action hypothécaire (L. 5, § 1, D., *Quib. mod. pig.*) : *Si paciscatur creditor, ne intra annum pecuniam petat, intelligitur de hypotheca quoque idem pactus esse.* »

Cependant la loi 14 *De pign.* semble décider formellement le contraire : *Quæsitum est, si nondum dies pensionis venit, an et medio tempore persequi pignora permittendum sit. Et puto dandam pignoris persecutionem, quia interest mea; et ita Celsus scribit.*

Deux conciliations ont été présentées pour ces textes.

Premier système. — Le créancier peut intenter l'action hypothécaire avant l'échéance du terme mis à la créance, si la chose court des dangers entre les mains du débiteur (c'est l'hypothèse prévue par la loi 14 *De pign.*); sinon, le créancier doit attendre le jour fixé pour le payement pour agir (c'est l'hypothèse prévue par la loi 5, § 1, D., *Quib. mod.*).

Second système. — M. Pellat propose une autre conciliation, qui nous paraît devoir être préférée, parce qu'elle a pour base un examen attentif des deux textes et des expressions qu'ils emploient, et qu'elle ne s'appuie pas, comme le précédent système, sur des considérations imaginées gratuitement.

Nous pensons que, dans la loi 14, d'Ulpien , il est question d'un créancier gagiste proprement dit, c'est-à-dire qui avait reçu de suite la possession, *an et medio tempore persequi pignora permittendum sit*. Aussi cette loi décide-t-elle que si le créancier gagiste vient à perdre la possession de l'objet, il pourra intenter l'action hypothécaire, même avant l'échéance de la dette, pour recouvrer cet objet. Dans la loi de Marcien (L. 5, § 1, D., *Quibus modis*), le créancier est simplement hypothécaire ; il n'a pas été mis en possession, il s'est contenté d'un simple pacte d'hypothèque : *Intelligitur de hypotheca quoque idem pactus esse*. S'il s'est contenté d'un simple pacte d'hypothèque, sans exiger, comme dans le contrat de gage, la possession immédiate de la chose, c'est qu'il ne tenait pas non plus à exercer l'action hypothécaire avant l'action personnelle, et le terme qui retarde l'une doit également suspendre l'exercice de l'autre (L. 8, § 1, D., *Quib. mod.*).

Si la dette garantie par une hypothèque est conditionnelle, le créancier ne peut agir qu'après l'arrivée de la condition. En effet, tant que la condition ne sera pas réalisée, on ne peut pas concevoir un gage sans une dette à laquelle il puisse se rattacher (1). Il succombera s'il intente l'action hypothécaire. Néanmoins, la condition venant plus tard à se réaliser, le créancier pourra de nouveau, dans ce cas, intenter l'action hypothécaire (L. 13, § 5, D., *De pign.*). Il n'aura pas à redouter qu'on le repousse alors en invoquant les principes du droit romain sur la

---

(1) Pothier, liv. 20, tit. I, n° 32, note 1, *Pand. Just.*

plus pétition; car quand il été vaincu la première fois, ce n'est pas pour avoir intenté une action dont il aurait abusé en demandant plus qu'il ne lui était dû, mais c'est pour avoir intenté à tort une action qui n'avait pas encore de base, d'objet, qui n'existait pas encore. Donc, quand la condition sera accomplie, comme il y aura alors une dette à laquelle l'hypothèque, droit accessoire, puisse se rattacher, l'action hypothécaire, ayant un objet, pourra exister, et le créancier pourra l'intenter sans avoir à craindre qu'on lui objecte que cette dette a été déjà payée, car elle n'existait pas encore au temps de la sentence précédemment rendue.

Si, à l'inverse du cas que nous venons d'examiner, la dette est pure et simple et l'hypothèque conditionnelle, bien que le jugement n'ait pas eu lieu, le créancier ne pourra pas intenter utilement l'action hypothécaire, tant que la condition ne sera pas arrivée; mais, dans ce cas, le juge fera ordinairement donner caution par le possesseur de la chose hypothéquée, dans le but de garantir la restitution après l'accomplissement de la condition, si le payement de la dette n'a pas encore eu lieu à ce moment.

L'action hypothécaire, avons-nous déjà dit, a pour but de faire obtenir au créancier la possession de la chose engagée. Le juge doit donc rechercher si le défendeur possède la chose; s'il ne la possède pas, et que ce soit sans son dol qu'il ait cessé de la posséder, le juge l'absout. Dans le cas contraire, il le condamne, si mieux il n'aime restituer (*aut solvat aut restituat*); c'est en cela que consiste son *arbitrium*.

Trois hypothèses peuvent se présenter (L. 16, § 3 et 6 ; L. 21, § 3, D., *De pign. et hyp.*).

Première hypothèse. Le débiteur restitue la chose ou bien il paye la dette ; le juge devra l'absoudre.

Deuxième hypothèse. Le détenteur est disposé à restituer la chose, mais il ne peut le faire de suite, parce que le gage, par exemple, se trouve dans un pays éloigné. Alors le juge l'absoudra et lui fera promettre de restituer la chose dans un certain délai ; et de plus, si cela est nécessaire, il lui fera donner une caution pour sûreté de cette promesse.

L'action hypothécaire est épuisée dès ce moment ; si le défendeur manque plus tard à sa promesse, ce sera par l'action *ex stipulatu* que le créancier agira contre lui.

Troisième hypothèse. Le défendeur refuse de restituer la chose ; ou bien c'est par son dol qu'il s'est mis dans l'impossibilité de faire cette restitution. Dans ce cas, le défendeur encourra une condamnation pécuniaire dont le montant variera suivant que ce détenteur est un tiers ou le débiteur lui-même (L. 2, § 3. D., *De pign.*). *Si res pignorata non restituatur, lis adversus possessorem erit æstimanda ; sed utique aliter adversus ipsum debitorem, aliter adversus quemvis possessorem.*

Si le défendeur est un tiers, il subira une condamnation égale à l'intérêt du demandeur, et dont le montant sera déterminé, non pas par le juge, mais par le serment du créancier lui-même. *Quanti actor juraverit in litem.* Cette décision est juste ; car l'intérêt du demandeur peut dépasser le *quantum* de la dette ; en effet, le refus de ce tiers de restituer l'objet met le créancier, s'il s'agit d'un créancier gagiste proprement dit, dans l'impossibilité de rendre au débiteur l'objet engagé, et l'expose dès lors à être condamné envers celui-ci, à des dommages-intérêts égaux à la valeur de la chose.

Comme la sainteté du serment n'était pas toujours respectée, on permit au juge de fixer un *maximum* que le demandeur ne pouvait pas excéder dans son estimation ; et même, dans le cas où cette précaution avait été omise, le juge pouvait réduire l'estimation exagérée qu'avait faite le demandeur.

Si le défendeur est le débiteur lui-même : — Dans ce cas, l'estimation ne sera que de la valeur de la créance. A quoi bon, en effet, permettre au demandeur d'exiger davantage du débiteur, puisque, en vertu des principes, il serait tenu par l'action *pignoratitia directa*, de lui restituer ce que, quelques instants auparavant, il aurait reçu de lui au delà du montant de la créance? Il est donc inutile de faire payer au débiteur ce qu'il pourrait redemander de suite.

Marcien (L. 16, § 3 et 6, *cod. tit.*) ne fait pas en droit la même distinction qu'Ulpien : il décide que, même dans le cas où le défendeur est le débiteur (et les expressions : *nam si tanti condemnatus esset, quantum deberetur, quid prodesset in rem actio, quum et in personam agendo idem consequeretur*, nous prouvent bien que telle est l'hypothèse du jurisconsulte), Marcien décide, disons-nous, que même dans ce cas, la condamnation sera fixée par le serment du créancier.

Certains commentateurs ont voulu concilier les textes d'Ulpien et de Marcien. Dans ce but, ils ont dit que si, dans la loi 16, le débiteur a été condamné au delà de la valeur de la dette, ce n'est pas que l'opinion de Marcien fût que cela pouvait se faire en droit, mais c'est qu'il suppose que cette condamnation, supérieure au montant de la dette, est arrivée par suite d'une erreur du juge.

Cette conciliation ne nous paraît pas devoir être admise, rien ne nous faisant pressentir, dans le texte de Marcien, une pareille supposition. Au contraire, les mots *nam si tanti*, nous prouvent qu'une pareille hypothèse n'est pas entrée dans les vues du jurisconsulte ; puis Marcien nous montre lui-même, dans le § 6, les conséquences rigoureuses qu'il déduit de sa doctrine, en décidant que les principes qu'il a posés dans le § 3 exigent que le débiteur condamné au delà du montant de la dette ne puisse plus libérer le gage en payant simplement au demandeur le *quantum* de sa créance ; car la dette à acquitter actuellement est, non plus la dette primitive, mais la nouvelle dette engendrée par la condamnation.

Cependant, Marcien lui-même est effrayé de ces conséquences, et l'équité les lui fait négliger : *humanum est non amplius eum, quam quod revera debet, dando, hypothecam liberare.*

La conclusion de ce que nous venons de voir est donc, suivant nous, que Marcien, dont l'opinion en droit était différente de celle d'Ulpien, était cependant en fait du même avis que lui, puisqu'il abandonnait les règles rigoureuses du droit pour suivre l'équité.

Le créancier, dont le droit a été reconnu, mais qui a vu absoudre le défendeur parce qu'il avait cessé de posséder la chose, et cela sans son dol, pourra plus tard, si cette chose vient à se retrouver entre les mains de son adversaire, agir contre lui par l'action hypothécaire, afin d'en obtenir la restitution, sans avoir à craindre que celui-ci lui oppose l'exception *rei judicatœ*, car il lui répliquerait avec succès : *Si secundum me judicatum non est* (L. 16, § 5).

L'action hypothécaire n'a pas seulement pour but de faire obtenir au créancier la possession de l'objet engagé, il doit être mis dans la position où il se trouverait s'il avait obtenu gain de cause au moment même où il a intenté son action. Aussi, si la valeur de la chose n'égale pas le montant de la créance, le défendeur peut-il être tenu à la restitution des fruits (L. 16, § 4, D., *De pign.*). Mais dans quelles limites?

Si le défendeur est un possesseur de bonne foi, il devra rendre tous les fruits perçus depuis la *litis contestatio;* car, depuis ce moment, le procès l'a averti de les mettre de côté, afin de pouvoir les rendre au besoin au demandeur s'il vient à triompher; mais quant aux fruits perçus avant la *litis contestatio*, nous pensons, conformément à ce que nous avons déjà dit précédemment, que, consommés ou non, le possesseur de bonne foi n'avait jamais à les rendre à l'époque des jurisconsultes classiques, et que ce ne fut que plus tard seulement, dans le Bas-Empire, que ce droit fut modifié (L. 22, *De rei vindic.*) en ce qui concerne les fruits non encore consommés. C'est donc pour mettre les textes de ces jurisconsultes en harmonie avec la législation nouvelle que les compilateurs ont ajouté, dans la loi 16, § 4, les mots *nisi exstent.*

L'action hypothécaire intentée par le créancier pouvait, dans certains cas, se trouver paralysée par quelques exceptions que nous allons examiner successivement.

Dans le droit des Pandectes, le créancier pouvait poursuivre les détenteurs du gage, avant même d'avoir intenté l'action personnelle qu'il avait contre son débiteur.

Justinien, dans sa Novelle 4, chapitre II, modifie ce droit. Le créancier dut discuter préalablement les biens du principal obligé, de ses héritiers ou de ses cautions ; ce n'est qu'ensuite qu'on devait lui accorder l'action hypothécaire contre les tiers détenteurs. Toutefois, si ceux qui sont obligés personnellement, sont absents, le créancier pourra poursuivre de suite le tiers détenteur. Celui-ci demandera alors un délai afin de faire soutenir le procès par ceux qui sont obligés personnellement et ce n'est qu'après ce délai expiré, sans que ceux-ci aient comparu, que le créancier hypothécaire pourra agir efficacement contre les tiers détenteurs par l'action quasi-Servienne.

Les interprètes ont nommé ce privilége *beneficium personale*.

Le tiers détenteur avait encore un autre bénéfice qui a été désigné sous la dénomination de *beneficium excussionis reale*.

Quand le créancier a, tout à la fois, pour garantir la même dette, et une hypothèque générale et une hypothèque spéciale, le possesseur des choses soumises à l'hypothèque générale, attaqué par l'action hypothécaire, a le droit d'exiger que le créancier discute préalablement les biens qui lui sont spécialement hypothéqués (1).

Cette décision nous paraît fort raisonnable ; elle nous semble remplir les vues des parties. En effet, quand on

---

(1) L. 1, C., *De pign.*

hypothèque à quelqu'un tous ses biens en général, et sa maison en particulier, cela n'indique-t-il pas que l'intention et la convention tacites des parties sont que le créancier commence la discussion des biens par la maison? N'est-ce pas dire que l'on engage sa maison et subsidiairement tous ses autres biens, si celle-ci ne suffit pas pour acquitter le montant de la dette? Il faut bien trouver un sens aux conventions des parties, et nous croyons que c'est le seul que l'on puisse donner dans le cas qui nous occupe.

La durée de l'action hypothécaire a une limite ; nous allons donc parler maintenant du laps de temps pendant lequel elle pouvait être valablement intentée.

Théodose le jeune décida que cette action, ainsi que toutes les autres serait soumise à la prescription de trente ans, mais seulement à l'égard des tiers détenteurs.

Toutefois, si le tiers détenteur de l'objet était protégé par une prescription moins longue, par la prescription *longi temporis*, il n'avait pas besoin de recourir à la prescription de trente ans, et il pouvait invoquer la prescription *longi temporis*, aussi bien contre le créancier gagiste que contre le propriétaire ; mais, en revanche, s'il se trouvait dans un cas de prescription quarantenaire, il ne pouvait pas invoquer celle de trente ans.

Si les détenteurs des objets grevés du droit de gage ou d'hypothèque étaient le débiteur lui-même ou ses héritiers, l'action était imprescriptible à leur égard, même depuis la constitution de Théodose. Justin décida que, même dans ce cas, l'action serait prescrite, mais seulement après un délai de quarante ans (1). Il semble bizarre, au premier abord, que le créancier puisse encore intenter l'action hypothécaire pendant dix ans, après que son action personnelle est éteinte par prescription, c'est-à-dire que l'accessoire survive au principal; mais ce résultat s'explique facilement, si l'on songe que c'est la dette civile qui est éteinte par la prescription de trente ans, mais qu'il reste ensuite une obligation naturelle suffisante pour motiver une hypothèque (L. 5, § 2, D., *De pign. et hyp.*). D'ailleurs, l'action hypothécaire survit seule.

La prescription de l'action hypothécaire présente encore quelque chose de particulier, dans le cas où le détenteur est un créancier hypothécaire postérieur qui résiste à un créancier hypothécaire antérieur. Ce créancier possédant en quelque sorte au nom du débiteur, on s'était demandé si la prescription de quarante ans ne devait pas lui être applicable comme au débiteur lui-même. Justin décida la question par une distinction : si la possession du créancier défendeur a commencé après la mort du débiteur, la prescription de trente ans lui suffit pour repousser le demandeur, tandis que s'il a commencé à posséder du vivant du débiteur, il lui faudra la prescription de quarante ans. Dans ce dernier cas, le défendeur est considéré comme ayant possédé au nom du débiteur, et est par conséquent assimilé à celui-ci ; dans le premier cas, il est considéré comme ayant possédé par lui-même.

---

(1) L. 9, § 1, C., *De præscrip. 30 ann.*

CHAPITRE XI.

DES PACTES QUI PEUVENT ACCOMPAGNER LE GAGE.

Les effets ordinaires du gage pouvaient être modifiés par des clauses particulières, par des pactes ; ces pactes étaient fort nombreux. Nous n'examinerons que quelques-uns de ces pactes qui peuvent accompagner le gage, ceux dont s'occupe le titre 1 du livre 20, D., *De pign. et hyp.*

Les droits du créancier gagiste sur la chose hypothéquée, ne concernant que la possession de cette chose et la faculté de la vendre à défaut de payement, il ne pouvait donc pas bénéficier des fruits produits par cette chose pendant qu'il la possédait, ni la garder à titre de propriétaire pour se payer de ce qui lui était dù; mais pouvait-il acquérir ces droits en faisant à ce sujet un pacte avec le débiteur? La réponse à cette question se trouve dans l'étude de deux pactes, que nous allons faire, et qui étaient fort connus dans le droitr omain : 1° Le pacte d'antichrèse ; 2° la *lex commissoria*.

§ 1er. *Du pacte d'antichrèse.* — Le créancier gagiste ne doit pas user ou jouir à son profit de la chose engagée qu'il détient. S'il le fait, il se rend coupable du *furtum usus* (1).

----

(1) Inst., liv. 4, tit 1, § 1.

Si donc la chose qu'il possède produit des fruits, il peut et doit les percevoir, non pas pour se les approprier comme un profit, mais, ou pour les restituer au débiteur, ou pour les imputer sur sa créance, d'abord sur les intérêts, puis sur le capital (1). Il devrait en faire autant du prix qu'il tirerait de la chose en la louant (L. 23, pr., D., *De pign.*).

Tel était le droit commun.

Ce droit pouvait être modifié par le pacte d'antichrèse, convention par laquelle le créancier obtenait la jouissance de la chose engagée, en compensation des intérêts de sa créance : il gardait les fruits sans réduction, quand même leur qualité viendrait à dépasser le taux de l'intérêt. L'antichrèse avait été admise à cause de l'*alea* que l'on rencontre dans la production des fruits, *propter incertum fructuum proventum* (2).

Tantôt le pacte d'antichrèse est l'accessoire d'un gage, tantôt il existe seul et par lui-même. Dans ce dernier cas, le créancier garde la chose, non pas *jure pignoris*, mais *pignoris loco,* comme le ferait un vendeur à l'égard de l'objet vendu dont le prix ne lui aurait pas encore été payé. S'il en perd la possession, il aura une action

---

(1) L. 1, 2, 3, *De pign. act.* Cod., 4, 34; L. 2 *De part. pign.*, Cod., 8, 25.

(2) L. 17, C., *De usuris.* Toutefois, on n'aurait pas permis de déguiser sous la dénomination d'*Antichrèse* des conventions évidemment usuraires ; aussi, dans le cas où il s'agissait d'une perception, d'une quotité fixe, comme les loyers d'une maison, les sommes ainsi touchées par le créancier ne pouvaient pas dépasser le taux légal des intérêts, L. 14, C., *De usuris.* Il faut en dire autant, quoiqu'il s'agisse de revenus variables, des récoltes, s'il y avait dans ce cas, en tenant compte de l'*alea*, une exagération évidente dans la quantité des fruits à percevoir.

in factum præscriptis verbis ; dans le cas, au contraire, où le pacte d'antichrèse accompagne un contrat de gage, le créancier aura l'action hypothécaire pour recouvrer la chose, s'il en perd la possession.

Les interprètes du droit romain se sont demandé s'il n'y avait pas à Rome une antichrèse tacite, c'est-à-dire si le créancier, mis en possession d'une chose frugifère, ne pourrait pas en retenir le fruit *vice usurarum*, quoiqu'il n'y eût pas de convention formelle à cet égard.

Pour soutenir l'affirmative, on s'appuie sur la loi 8, tit. 2, livre 20, D., *In quib. caus.*: *Cum debitor gratuita pecunia utatur, potest creditor de fructibus rei sibi pignoratæ ad modum legitimum usuras retinere.*

Quant à nous, nous pensons qu'il n'y avait pas d'antichrèse tacite, à cause de la nature même de ce pacte. En effet, nous venons de dire que l'antichrèse était une convention par laquelle le débiteur permettait au créancier de percevoir les fruits de la chose engagée en totalité sans réduction, et non pas seulement dans la mesure de l'intérêt légal, à cause des chances de perte et de gain que comporte cette perception. On a donc tort de dire qu'il y avait à Rome une antichrèse tacite, et que cela résulte de la loi 8 ci-dessus citée ; cette loi ne nous offre pas l'exemple d'un pacte d'antichrèse, puisque le créancier dont il est question est obligé de rendre la quotité des fruits qui dépassera les intérêts légaux (1).

---

(1) Cujas pense, au contraire, que, par cela seul qu'on a remis au créancier une chose frugifère, il est autorisé à garder ses fruits jusqu'à concurrence des intérêts, bien que ces intérêts n'aient pas été stipulés, et il voit là une antichrèse tacite (Observ. 8, pr.). La différence. ajoute-t-il, qu'il y a entre l'anti-

Il ne faudrait pas non plus, tout en repoussant l'idée de l'existence d'une antichrèse tacite, tirer de la loi 8 cette autre conclusion, qu'il faut voir une convention tacite d'intérêts en faveur du créancier qui a prêté sans stipuler d'intérêts, par cela seul qu'une chose frugifère lui a été remise en gage. Cette interprétation serait mauvaise, elle apporterait sans motif sérieux une dérogation aux conventions des parties : en effet, quand un débiteur emprunte de l'argent sans intérêts, il est bien évident qu'il n'a pas entendu renoncer à cet avantage par cela seul qu'il a remis en gage une chose frugifère.

Mais alors comment expliquer la loi 8 ?

Beaucoup de personnes soutiennent que le texte en a été altéré, et le corrigent en lisant *cum debitor non gratuita pecunia utatur*.

Nous pensons, avec M. Pellat, que cette correction n'est pas nécessaire, et qu'on peut, sans la faire, expliquer la loi 8. La loi 8 a probablement été détachée d'un autre texte, où il était question d'un de ces contrats de bonne foi dans lequel le débiteur ne doit pas d'intérêts dès l'origine, mais a commencé à en devoir dès qu'il a employé à son usage l'argent qui lui a été remis, si par exemple Titius est devenu mon créancier, parce qu'il a fait chez moi le dépôt d'une certaine somme d'argent, et qu'il ait reçu de moi, pour lui garantir la restitution de ce dépôt, une chose fugifère, je ne lui devrai néanmoins pas d'intérêts par le fait même du dépôt, ni par

---

chrèse expresse et l'antichrèse tacite, c'est que, dans cette dernière, à la différence de la première, le créancier devra rendre les fruits qui dépasseront le taux de l'intérêt légal (Cujas, sur le Code, L. 14, *De usur.*, et L. 3, *De pign. act.*)

le fait de la remise de ce gage; mais si je viens à me servir de son argent, je commencerai à lui devoir des intérêts, et Titius pourra alors les prélever sur les fruits produits par la chose que je lui ai remise en gage.

Cette décision s'appliquerait également au mandataire qui emploierait pour lui l'argent qu'il a reçu du mandant pour les affaires de celui-ci.

Remarquons que le texte de la loi 8 porte *cum utatur*, et non pas *cum utitur*, ce qui signifie puisque, et non pas lorsque. C'est donc la suite d'un raisonnement commencé dans un autre texte, et non pas son exposé.

En résumé, nous concluons qu'il n'y avait pas à Rome d'antichrèse tacite: 1° parce que, d'une part, la loi 8, que l'on invoque en faveur de ce système, renferme une hypothèse qui n'est pas compatible avec la nature même du pacte d'antichrèse, ainsi que nous l'avons démontré; 2° et parce que, d'autre part, les partisans de ce système vont trop directement à l'encontre de l'intention tacite des parties, puisqu'ils décident que bien qu'il n'ait pas été question d'intérêts entre les parties, ceux-ci seront cependant dus tacitement, par suite de cette seule circonstance que le débiteur, pour garantir au créancier le remboursement de ce qui lui est dû, lui a remis une chose frugifère, au lieu de lui remettre des objets qui ne produisent point de fruits.

§ 2. *Du pacte dit* lex commissoria. — Le créancier pouvait-il convenir que si, au jour dit, la dette n'était pas acquittée, le gage deviendrait sa propriété, *ut ei committatur pignus*, à titre de satisfaction?

Ce pacte, connu sous la dénomination de pacte *legis*

commissoriœ, était très-fréquent dans l'ancienne législation romaine. Il était fort dangereux pour les débiteurs ; en effet, le créancier faisait ordinairement cette convention quand le gage était d'une valeur supérieure au montant de la dette, et les débiteurs, pleins de confiance dans l'avenir, espérant pouvoir s'acquitter facilement à l'échéance, pressés pour le moment par le besoin d'argent, souscrivaient à ce pacte et perdaient bien souvent ainsi une valeur supérieure au montant de la dette que les circonstances les empêchaient d'acquitter dans le délai fatal. Aussi le pacte commissoire fut-il interdit par une constitution impériale de Constantin (1). L'insertion de cette clause dans le contrat de gage est considérée comme non avenue, et l'on applique les principes généraux sur la vente du gage.

Mais si le pacte commissoire est prohibé lors de la constitution du gage, rien n'empêche qu'après cette constitution, le créancier et le débiteur s'entendant ensemble, la chose ne soit vendue pour un certain prix au créancier, ou bien même qu'elle ne lui reste purement et simplement, à titre de propriété, en guise de payement (2) ; car, dans cette hypothèse, le débiteur ayant déjà contracté le prêt qui lui est nécessaire et n'étant plus poursuivi par le besoin d'argent, conserve toute liberté d'action pour résister au créancier qui voudrait se faire céder le gage à trop vil prix.

Il est une autre clause qu'il faut bien se garder de con-

---

(1) L. 1, C., *De pactis pign.*
(2) L. 3, *De pign. act.*

fondre avec le pacte commissoire, parce qu'elle est parfaitement licite.

On peut convenir, même au moment de la constitution du gage, que, faute de payement à l'échéance, le créancier acquerra la propriété de l'objet engagé, moyennant un juste prix qui sera alors déterminé (L. 16, § 9, D., *De pign. et hyp.*). Cette clause n'offre pas, en effet, les dangers que présente la *lex commissoria*. Si la valeur de la chose est estimée être égale au montant de la dette, celle-ci s'éteint; si, au contraire, sa valeur est jugée être supérieure ou inférieure, il restera un compte à régler entre les parties au sujet de cette différence.

Ce serait à tort qu'on objecterait que la vente dont il est ici question n'est pas valable parce que le prix n'est pas certain, déterminé, puisqu'il est laissé à l'arbitrage d'autrui sans désignation de la personne. Nous répondrons à cette objection que le prix est parfaitement certain, car les mots *justo pretio*, insérés dans le pacte, tiennent lieu de détermination et indiquent suffisamment que l'arbitrage sera remis a un *bonus vir*: or, le prix fixé par un *bonus vir* étant un *justum pretium*, et le *bonus vir* ne pouvant arbitrer qu'un *juste prix*, il y a là quelque chose qui détermine parfaitement le prix et fait que la vente, objet du pacte, est complétement valable.

DROIT FRANÇAIS.

DES PRIVILÉGES SUR LES MEUBLES.

OBSERVATIONS PRÉLIMINAIRES.

Tous les biens qui constituent le patrimoine d'un débiteur sont le gage commun de ses créanciers; mais ce gage que la loi accorde aux créanciers présente deux inconvénients : d'abord, il n'empêche pas le débiteur de disposer de ses biens, non-seulement à titre onéreux, mais même à titre gratuit, pourvu qu'il ne le fasse pas en fraude de ses créanciers ; en second lieu, il donne un droit égal à tous les créanciers qui viennent concourir proportionnellement sur les sommes provenant des biens du débiteur.

Cependant les créanciers peuvent éviter ces dangers, soit en stipulant des sûretés personnelles, comme l'in-

tervention d'une caution, d'un débiteur solidaire, et par
là, ils augmentent leurs chances d'être payés, car, au
lieu d'avoir un seul patrimoine pour servir de gage au
payement de leurs créances, ils en ont plusieurs; soit en
exigeant des sûretés réelles, comme un gage, une antichrèse, une hypothèque.

A côté des sûretés réelles que je viens de citer, je
dois mentionner le droit de rétention, qui peut exister
indépendamment de toute stipulation expresse. Le droit
de rétention est le droit qu'a le détenteur d'une chose
d'en conserver la possession tant qu'on ne lui paye pas
ce qui lui est dû pour les dépenses qu'il a faites à raison
de cette chose. L'article 1612 et l'article 1948 du Code civil
nous en offrent des exemples. Celui qui a vendu une chose
sans terme peut retenir cette chose jusqu'au payement
du prix, quoique la propriété en soit transférée à l'acheteur par le seul consentement; de même, le dépositaire
peut retenir le dépôt jusqu'au payement des sommes
qu'il a déboursées à raison de ce dépôt.

Un droit semblable résulte, non plus de la disposition
de la loi, mais d'une convention formelle en faveur du
créancier qui a obtenu un nantissement, c'est-à-dire, la
possession d'une chose mobilière ou immobilière pour
sûreté de sa créance.

On s'est demandé si le droit de rétention est un droit
réel, et par conséquent, s'il est opposable aux tiers. Je
crois que c'est un droit réel, et, pour soutenir cette opinion, voilà les arguments que je puis présenter: ce droit
ne donnerait aucun profit au détenteur, s'il devait s'é-
teindre par l'aliénation que le propriétaire fait de sa
chose. L'article 2091 qui a trait au créancier antichré-

siste ne doit pas être considéré comme contraire à cette opinion ; l'art. 2091 ne veut pas que l'antichrèse préjudicie aux droits que des tiers auraient sur l'immeuble engagé. Les dispositions de cet article doivent s'entendre des droits que ces tiers auraient acquis antérieurement à la constitution d'antichrèse, mais non de ceux qui l'auraient été postérieurement (1).

Maintenant, j'arrive aux priviléges sur les meubles, que je me propose d'étudier spécialement.

DES PRIVILÉGES SUR LES MEUBLES.

PREMIÈRE PARTIE.

Des priviléges généraux.

Les priviléges mobiliers sont ou généraux, sur tous les meubles, ou spéciaux, sur certains meubles. Les priviléges généraux sur les meubles affectent subsidiairement les immeubles ; c'est ce qui résulte de l'art, 2104 du Code Nap., d'après lequel les priviléges qui s'étendent sur les meubles et les immeubles sont ceux énoncés en l'art. 2101. Maintenant, quel est le sens du mot *meuble*, dans la matière qui nous occupe? Suivant l'article 533 du Code Nap., lorsque le mot *meuble* est em-

---

(1) V. M. Valette, dans son excellent et lumineux *Traité des priviléges et hypothèques*.

ployé seul dans les dispositions de la loi, on doit l'entendre dans un sens très-restreint. Toutefois, le Code traitant ici à part des priviléges mobiliers et des priviléges immobiliers, il est évident qu'il a employé le mot *meubles* dans le sens le plus large, et qu'il a entendu par là tout ce qui n'est pas immeuble.

De là il résulte, que les priviléges généraux s'appliqueront à tous les meubles sans exception : argent comptant, pierreries, livres, médailles, instruments des sciences, des arts et métiers, etc.

CHAPITRE Ier.

FRAIS DE JUSTICE.

Les frais de justice figurent en tête des priviléges généraux sur les meubles. La sollicitude que le législateur a montrée pour les frais de justice s'explique : ces frais ont conservé et utilisé le gage commun.

On doit considérer comme privilégiés sur la masse des meubles les frais faits pour la conservation, la liquidation et la répartition du mobilier qui se trouve le gage commun des créanciers.

Tels sont les frais d'apposition et de levée de scellés et ceux d'inventaire; ils servent, en effet, à empêcher que des meubles corporels, des titres de créance, etc., faisant partie du patrimoine du débiteur commun, ne soient détournés. Sont aussi privilégiés : les frais d'administration et de compte faits par un administrateur, légal ou judiciaire, des biens d'une succession bénéficiaire ou vacante, de ceux d'un failli ou d'un présumé absent,, etc. ; car, dans tous ces cas,l'administrateur veille à la conservation des biens.

Les frais de saisie, de vente des meubles et de distribution de leur prix sont aussi garantis par le privilége. En effet, la saisie conserve les biens, la vente les liquide, les convertit en une somme d'argent, la distribution les répartit entre les créanciers, selon leurs droits. Ils y sont donc tous intéressés.

Le motif sur lequel se fonde le privilége des frais de justice est l'utilité et l'avantage que ces frais ont procurés à la masse des créanciers ; de là on doit tirer ces conséquences :

Les frais faits dans l'intérêt d'un ou de plusieurs créanciers ne doivent pas participer au privilége établi dans l'art. 2101. Ainsi, les frais faits en justice par un des créanciers pour rendre son titre exécutoire ne seront pas privilégiés, il n'a fait ces frais que dans son intérêt personnel ; par conséquent, ils ne seront colloqués qu'au même rang que sa créance. De même, si les frais de justice utiles à la masse des créanciers ne l'ont pas été à quelques uns d'entre eux, ils ne seront pas privilégiés à l'égard de ceux-ci. Les rédacteurs du Code de procédure civile ont fait l'application de cette règle, dans l'art. 662, qui est ainsi conçu : « Les frais de poursuite seront prélevés, par privilége, avant toute créance autre que celle pour loyers dus au propriétaire. »

Lorsque les meubles d'un locataire ont été saisis et vendus à la requête de ses créanciers, le locateur passera, pour loyers à lui dus, avant les frais faits pour opérer la distribution du prix de vente. C'est qu'en effet, le propriétaire de la maison qu'habitait le saisi peut, aux termes de l'art. 661 du Code de procédure civile, faire statuer son privilége par simple procédure de référé, et àvant toute procedure de distribution par contribution (1). Par conséquent, les frais faits pour opérer cette distribution lui sont complétement étrangers, puisqu'ils lui sont inutiles.

Ici se présente la question de savoir si, relativement au locateur, les frais des scellés et d'inventaire seront privilégiés; ce qui revient à se demander si l'apposition des scellés, si la confection d'un inventaire lui procurent quelque avantage. On peut dire que les frais de scellés et d'inventaire ne servent pas au locateur, celui-ci ayant, en raison de sa qualité de nanti, une sorte de possession des objets garnissant les lieux loués et pouvant, en cas de détournement, exercer la revendication. Mais on répond, et j'approuve les raisons qu'on fait prévaloir, que, si le droit de saisir gager et celui de revendiquer les meubles sont pour le locateur de bons moyens de se faire payer, de conserver son gage, ce gage est encore mieux préservé par les scellés et l'inventaire, qui empêchent tout détournement, tandis que la revendication n'est qu'un remède trop souvent illusoire. Ajoutons que les scellés et l'inventaire seront encore, sous un autre point de vue, utiles au locateur, en conservant certains biens qui se trouvent dans les lieux loués, mais qui ne les garnissent pas, et sur le prix desquels il viendra seulement à contribution avec les créanciers (2).

Quand, en cas d'insuffisance du mobilier, les frais d'inventaire et de scellés viennent à être colloqués sur le

---

(1) M. Vale'te, *Des priviléges et hypothèques*, n. 22.
(2) V. M. Troplong, MM. Aubry et Rau, *Sur Zachariæ*.

prix des immeubles, ils se trouvent en présence des créanciers hypothécaires, auxquels nous pensons qu'ils doivent être préférés. En effet, les créanciers hypothécaires prétendraient en vain que les scellés et l'inventaire leur ont été inutiles; car, en conservant les meubles, ces opérations ont été plus ou moins favorables aux créanciers hypothécaires. En effet, elles ont fait que les créanciers, protégés par des priviléges généraux, n'ont pas eu besoin de se faire payer sur le prix des immeubles hypothéqués; de plus, elles ont conservé les titres de propriété de ces mêmes immeubles.

L'officier chargé de vendre les meubles n'a pas besoin d'invoquer, pour ses frais, le privilége qui figure en tête de l'art. 2101, l'art. 657 du Code de procédure civile lui donne un droit particulier. Avant de consigner le prix produit par la vente, il peut déduire sur ce prix le montant de ses frais, d'après la taxe qui en aura été faite par le juge, sur la minute du procès-verbal. S'il a négligé d'user de cette faveur, s'il a consigné le prix sans faire le prélèvement, il retombe dans le droit commun et concourt proportionnellement avec les autres créanciers pour frais de justice; en effet, les créanciers pour frais de justice doivent, sauf cette exception, être tous colloqués au même rang, et, en cas d'insuffisance des biens, ils subissent une réduction proportionuelle.

En examinant l'art. 2101, on pourrait croire que tous frais de justice privilégiés doivent porter sur tous les meubles: cela est exact pour les frais qui ont contribué à conserver la masse entière du mobilier; mais, comme le privilége des frais de justice repose 'sur une passe de gestion d'affaires communes, les frais qui n'auraient été faits que pour la conservation, liquidation ou distribution du prix d'une partie du mobilier, ne seraient colloqués par privilége que sur le prix de cette partie, et non sur les portions distinctes auxquelles n'étaient pas relatifs les actes que ces frais servent à payer. Si je suppose qu'une partie du mobilier du débiteur a été vendue, et que plus tard d'autres meubles ont été saisis, les frais de la première vente ne seront pas privilégiés sur le prix de la seconde.

CHAPITRE II.

DES FRAIS FUNÉRAIRES.

D'un côté, le profond sentiment de respect que l'on éprouve pour les morts, sentiment qui se retrouve en tout temps, en tout lieu, et que l'antiquité surtout s'était plu à exalter ; de l'autre, les rapides altérations que tout être subit après son décès, démontrent suffisamment les causes qui ont donné naissance à la création du privilége des frais funéraires.

Les frais funéraires figurent au second rang parmi les priviléges généraux sur les meubles. Les frais funéraires doivent s'entendre des dépenses nécessaires, comme les frais d'ensevelissement et de sépulture, les émoluments de la fabrique, les honoraires du clergé. Bien entendu, ce privilége doit être restreint aux dépenses jugées conformes à la condition du défunt ; ces dépenses doivent être faites dans de justes limites, *ex bono et æquo;* car, il ne faut pas l'oublier, l'intérêt en jeu ici est moins celui des héritiers que celui des créanciers de la succession, puisque c'est au détriment de ces derniers que les frais funéraires sont privilégiés.

Une question est très-débattue parmi les auteurs : c'est celle de savoir si l'on doit comprendre dans les frais funéraires les frais du deuil dû à la femme.

Cette question avait été très-agitée dans l'ancien droit français. Pothier était pour l'affirmative ; il s'exprime en ces termes dans son *Traité de la communauté*, N. 678 : « le deuil que les héritiers du mari sont obligés de fournir à la veuve, est regardé comme faisant partie des frais funéraires du mari ; c'est ainsi que le considèrent Lebrun, Renusson et autres. En conséquence, il est d'usage de donner à la veuve, pour la créance de son deuil, le même privilége qu'à celle des frais funéraires ; mais si la femme est préférée, pour son deuil, aux créanciers de son mari mort insolvable, au moins doit-on avoir, en ce cas, attention à la régler à la moindre somme possible. » Pour l'affirmative était aussi la jurisprudence des parlements de Paris et de Toulouse ; pour la négative, on peut citer Basnage, *Des hypothèques* (chapitre IX), et la jurisprudence du parlement de Bordeaux.

Les auteurs modernes qui soutiennent l'affirmative argumentent de la manière suivante : Comme, dans l'ancien droit, la majorité des auteurs et la jurisprudence du parlement de Paris étaient pour l'affirmative, il est à supposer que les rédacteurs du Code civil n'ont rien voulu innover sur ce point ; ils font prévaloir un autre argument, tiré d'un sentiment de piété.

Quant à moi, je crois que les frais funéraires sont ceux qui sont faits *propter funus*, les frais d'inhumamation. On ne doit pas considérer le deuil de la veuve comme faisant partie de la pompe funèbre. Le silence même du Code, en présence des controverses assez vives des anciens auteurs, nous paraît confirmer notre opinion. Ne faut-il pas, d'ailleurs, se souvenir que les priviléges sont de droit étroit, et qu'on ne doit pas les étendre au détriment des créanciers, qui ne recevront qu'une partie de ce qui leur est dû (1)?

Nous devons nous demander à présent, et la question ne manque pas d'intérêt, si les frais faits par le débiteur pour les obsèques de ses enfants ou de ses parents, sont privilégiés sur ses biens, ou s'il n'y a que ceux faits pour rendre les derniers devoirs au débiteur lui-même, qui soient ainsi protégés.

Ceux qui soutiennent l'affirmative invoquent les termes généraux de l'art. 2101. Ils avouent que les motifs qui ont fait admettre ce privilége, l'intérêt de la décence et de la salubrité publiques, existent, soit qu'il s'agisse de l'ensevelissement du débiteur lui-même, soit qu'il s'agisse de l'ensevelissement de ses enfants et proches parents. On se prévaut encore d'un texte d'Ulpien, qui décide que peu importe pour l'inhumation de qui les frais ont été faits, le privilége devant être exercé par cela seul que la créance qu'on a contre une personne a le caractère de frais funéraires.

Pour la négative, on répond que le privilége accordé d'une manière générale à toute créance funéraire pourrait prendre des proportions fâcheuses par rapport aux créanciers, s'il fallait que les frais funéraires faits pour

---

(1) V. M. Valette.

les enfants, les ascendants et les amis du débiteur dussent être payés, par préférence, à toute autre créance.

On ajoute que la loi 17, *De reb. auct. jud poss.*, ne fournit qu'un argument sans sérieuse valeur, puisque ce texte peut parfaitement être expliqué, en supposant que les frais dont il parle étaient dus par un père de famille, à raison du décès de son fils non émancipé, ou par un maître, à raison du décès de son esclave. Le fils, l'esclave, n'ayant rien qui leur fut propre, le père, le maître étaient débiteurs nécessaires des impenses de leur sépulture.

Entre ces deux opinions tranchées vient se placer un système intermédiaire, consistant à n'admettre le privilége qu'autant que le débiteur a ordonné les funérailles de parents ou d'enfants résidant avec lui, et faisant ainsi partie de la famille dont il est le chef. Dans ce système, on regarde aussi comme privilégiés les frais faits pour l'inhumation des enfants mineurs résidant au dehors. La raison de décider ainsi se tire du numéro 5 de notre art. 2101, qui donne privilége aux fournitures de subsistances faites au débiteur et à sa famille.

Il nous reste à examiner une dernière question, que l'on a soulevée à l'occasion du privilége des frais funéraires.

On s'est demandé si le tiers, qui aurait prêté des fonds pour payer ces frais funéraires, ou qui les aurait payés lui-même avec intention de faire un prêt à la succession, pourrait, pour obtenir son remboursement, invoquer le privilége, alors même qu'il n'aurait pas stipulé la subrogation.

Il y a des auteurs qui accordent le privilége au tiers, le déclarant subrogé de plein droit. Voici les différents arguments qu'ils invoquent :

En effet, disent-ils, le privilége pour frais funéraires est une faveur que la loi accorde à la créance qui a cette qualité, en considération de sa nature, et sans aucune considération de la personne.

L'on fortifie encore ce système en l'appuyant sur l'article 593 du Code de procédure civile ; cet article, dit-on, déclare subrogé de plein droit le créancier qui a prêté des deniers pour acheter des aliments.

Il y a d'autres personnes qui soutiennent qu'on doit refuser le privilége au prêteur, s'il n'y a pas eu de subrogation conventionnelle. En effet, nulle part dans le Code il n'y a de règle qui proclame que, parce qu'un privilége est attaché à la qualité de la créance, la subrogation doit avoir lieu de plein droit. Bien loin de là, la loi a énuméré d'une manière limitative les cas de subrogation légale, et l'on ne peut faire rentrer les tiers qui nous occupent dans aucun des quatre cas prévus par l'article 1251.

CHAPITRE III.

FRAIS DE LA DERNIÈRE MALADIE.

Le législateur a craint que le débiteur insolvable qui tombe malade ne fût abandonné dans sa souffrance, et, pour obvier à ce danger, il accorde un privilége aux médecins, pharmaciens, gardes-malades qui ont donné des secours au débiteur pendant sa maladie.

Mais dans quels cas ce privilége peut-il être exercé? Faut-il nécessairement, pour qu'il y ait privilége, que le débiteur ait succombé à la maladie pour laquelle les frais ont été faits, de telle sorte que, si c'était non pas la mort, mais la faillite ou la déconfiture du débiteur qui donnât ouverture à la distribution des biens, les médecins, pharmaciens, gardes-malades, créanciers à raison de la dernière maladie, ne seraient pas privilégiés. Les interprètes de la loi sont en désaccord sur cette question.

Il y a des auteurs qui soutiennent que les rédacteurs du Code n'ont voulu parler que de la dernière maladie, celle dont le débiteur est mort.

Et. pour soutenir cette opinion, ils invoquent et l'autorité de Pothier, et des paroles que Brodeau a laissé échapper : « A l'égard des maladies guéries, l'apothicaire faisant crédit au débiteur suit sa foi, rentre dans le droit commun et renonce tacitement à son privilége, au lieu que la personne qui a reçu l'assistance n'étant plus au monde pour avoir soin d'une dette si charitable et si favorable, la loi y emploie son office et donne son privilége. »

Pothier s'exprime ainsi : « Ce qui est dû pour la dernière maladie aux médecins,... est aussi une créance privilégiée, qui paraîtrait aller d'un pas égal avec les frais funéraires ; je pense cependant que, dans l'usage, elle n'est placée qu'après. »

Il résulte de cette phrase, que Pothier mettrait les frais funéraires avant les frais de la dernière maladie ; en second lieu, que ce privilége ne s'exerce pas pour les deux maladies successives qui ont atteint le malade, mais seulement pour la dernière.

Quant à Brodeau, ce qu'il a dit plus haut, il le contredit dans cette phrase : « Il n'y a point, dit-il, de créance qui soit plus privilégiée que celle des médecins, par le moyen desquels, bien souvent, *la vie nous est conservée, et la personne du débiteur maintenue en santé pour le bien et la sûreté des autres créanciers.*

D'un autre côté, certains auteurs soutiennent que le législateur n'a pas entendu parler de la maladie seulement dont le débiteur est mort. Je partage leur opinion. Et d'abord, si le législateur avait été dominé par un sentiment contraire, il aurait dit : *les frais de dernière maladie*, et non pas *les frais de la dernière maladie*. Et qu'on ne dise pas qu'il ne faut attacher aucune importance au sens grammatical de notre phrase, car toutes les fois que le législateur a voulu parler de la maladie dont le débiteur est mort, il s'est exprimé ainsi : *les frais de dernière maladie*, la preuve en est dans le 4° de l'art. 385 du Code civil. D'ailleurs, en suivant le système opposé, on arrive à ce résultat, que le médecin qui aurait sauvé la vie de son malade serait traité moins bien que celui qui l'a laissé mourir.

Pour prouver que le législateur a voulu parler de la maladie dont le débiteur est mort, on a tiré un argument de la place qu'occupent les frais de la dernière maladie dans notre article. On a dit que les frais de la dernière maladie venant après les frais funéraires, cette classification suppose la mort du débiteur. S'il est vrai que la créance du médecin, etc., vient après les frais funéraires, il est vrai aussi qu'elle vient après deux autres créances, celles des gens de service et des fournisseurs, qui s'exercent tant sur les biens du débiteur vivant que sur les biens du débiteur décédé. Pourquoi alors ne pas faire la même application au § 3 de notre article qu'au 4e et 5e?

Si l'on admet que le privilége de l'art 2101, n° 3 n'existe qu'autant que le débiteur est mort de la maladie dont il était atteint, on devra, pour être conséquent, dire que dans le cas où le débiteur tomberait en faillite ou en déconfiture, pendant le cours d'une maladie grave, il faudrait colloquer conditionnellement les frais de cette maladie, collocation qui ne produira son effet qu'autant que le débiteur succombe à la maladie.

Il est certaines maladies dont la durée est quelquefois fort longue, et, pour cette raison, on les a nommées maladies chroniques. Que décider si le débiteur atteint d'une maladie de ce genre vient à succomber? Les frais qu'elle a occasionnés devront-ils être colloqués par privilége pour tout le temps de sa durée?

Nous croyons qu'en cas de maladie chronique le privilége n'a lieu que pour les frais faits depuis le moment où la maladie a commencé à devenir dangereuse. En effet, quoique ce soit bien là la dernière maladie du débiteur, celle dont il est mort, l'esprit de la loi, qui a voulu simplement protéger les créances minimes, peu nuisibles aux autres créances, s'oppose à ce que l'on accorde la même faveur à la totalité des frais d'une maladie, qui peuvent s'élever à une somme fort importante, si on a eu soin d'empêcher la prescription des art. 2272 et 2274 du Code Napoléon de s'accomplir. Les médecins n'ont pu, sans se mettre en faute, faire un crédit aussi long, et dès lors ils ont consenti à courir les risques de l'insolvabilité future de leur malade.

CHAPITRE IV.

DES GENS DE SERVICE.

La loi garantit une partie des salaires des gens de service. La raison qui l'a portée à admettre ce privilége, est qu'ils ne peuvent se faire donner des sûretés par les personnes qui les emploient; que leurs gages sont souvent leur seul bien, et qu'en général leur créance ne grève la masse des biens que d'une somme peu importante.

La plupart des auteurs ont pensé qu'à Paris seulement les domestiques de ville jouissaient d'un privilége pour une année de leurs gages : ils s'appuient sur un passage de Pothier où cet auteur mentionne un acte de notoriété du Châtelet de Paris, en date du 4 août 1692, constant ce privilége, et où, tout en exprimant le vœu de le voir se généraliser, il déclare ne l'avoir jamais vu employer dans les ordres et distributions. Cependant, divers arrêts démontrent que ce privilége était accordé ailleurs (voyez notamment Dijon, 6 mai 1566; parlement de Bretagne, 15 juillet 1593).

Il n'était ni raisonnable ni juste de n'accorder privilége qu'aux domestiques de ville. Aussi, la loi du 11 brumaire an VII (1er novembre 1778), dans son art. 11, consacra-t-elle ce privilége en le généralisant; elle l'applique aux domestiques sans distinction, de telle sorte que, sous son empire, comme aujourd'hui, les gens attachés à une exploitation rurale, tels que bergers, garçons de ferme, etc., jouissent également du privilége.

Le Code Napoléon donne aux gens de service un privilége général pour l'année échue et ce qui est dû de l'année courante.

Maintenant, qu'est-ce que l'on doit entendre par *gens de service?* On entend par là ceux qui servent, ceux qui sont sous la dépendance d'un maître, les personnes nécessiteuses qui rendent des services subalternes et qui reçoivent des petites sommes comme dédommagement.

De là il résulte qu'il ne faut pas considérer comme gens de service les personnes employées à une occupation libérale, les précepteurs, secrétaires, bibliothécaires, aumôniers; on ne saurait dire que ces personnes servent. Du reste, le motif du privilége, la modicité du salaire, n'existe plus dans ce cas.

Une question s'est élevée, à savoir si les commis et les ouvriers qui louent leurs travaux sans être des domestiques proprement dits, peuvent jouir du même privilége.

Il y a dans notre hypothèse une raison spéciale pour ne pas leur accorder le même privilége. Un homme n'a jamais à son service qu'un nombre assez restreint de domestiques, tandis qu'il emploie souvent, pour exercer son industrie, un nombre considérable de commis, d'ouvriers, qui, s'ils jouissaient du privilége, absorberaient presque toute la valeur des biens et causeraient ainsi un très-grand préjudice aux autres créanciers.

Le législateur est venu fournir un argument nouveau

à l'appui de notre thèse par une disposition postérieure au Code Napoléon. En effet, la nouvelle loi sur les faillites (28 mai 1838), art. 549, accorde aux commis, ouvriers employés directement par le failli, un privilége qui vient au même rang que celui du paragraphe de l'art. 2101 du Code Napoléon, mais qui est moins étendu. Les ouvriers peuvent invoquer ce privilége pour les salaires du mois qui a précédé la déclaration de faillite ; les commis, pour les six mois qui ont précédé cette même déclaration.

Art. 549 du Code de commerce : « Le salaire acquis « aux ouvriers employés directement par le failli, pen- « dant le mois qui aura précédé la déclaration de faillite, « sera admis au nombre des créances privilégiées, au « même rang que le privilége établi par l'art. 2101 du « Code Napoléon, pour le salaire des gens de service.

« Les salaires dus aux commis pour les six mois qui « auront précédé la déclaration de faillite, seront admis « au même rang. »

Si la loi de 1838 a créé pour ces personnes un privilége dans l'art. 549 du Code de commerce, c'est donc qu'elle a pensé qu'ils ne pouvaient pas invoquer le privilége du 4° de l'art. 2101.

Le privilége des gens de service, comme je l'ai déjà dit, s'étend aux salaires dus pour l'année échue et pour l'année courante. L'année courante, c'est celle qui est déjà commencée lors de la déconfiture, de la faillite ou de la mort du débiteur. Les années ont pour point de départ le jour de l'entrée de ce créancier privilégié au service du débiteur.

A la première vue, on est porté à croire qu'il existe

une contradiction entre l'art. 2101, n° 4, et l'art. 2272, 5ᵉ aliéna, du Code Napoléon. En effet, le premier accorde aux gens de service privilége pour plus d'un an, et le second déclare que leurs créances se prescrivent par un an. Cependant cette contradiction n'est qu'apparente ; car la créance du domestique contre son maître n'échoit qu'à la fin de l'année, et ce n'est aussi qu'à partir de cette fin d'année que commence à courir la prescription ; et, en effet, l'art. 2257 dit formellement que la prescription ne court pas à l'égard d'une créance à jour fixe, jusqu'à ce que ce jour soit arrivé. Or, le maître ne doit l'an de gage que lorsque le domestique lui a donné l'an de service ; de là il résulte que la créance privilégiée du domestique ne s'éteint par prescription qu'autant que l'année qui précède immédiatement l'année échue est expirée, et par là nous voyons comment la loi, sans se contredire, a pu accorder un privilége au domestique pour l'année échue et pour l'année courante.

Certains auteurs prétendent qu'il ne faut pas entendre comme nous le faisons l'art. 2272 : ils soutiennent que la loi a voulu privilégier la créance conservée par des interruptions de prescription. Nous ne pensons pas qu'ils avaient raison ; car il est rare que les créances des domestiques soient ainsi conservées, et la loi a statué *de eo quod plerumque fit.*

Nous ne doutons pas que le domestique, créancier à raison de ses gages, mais qui a quitté le service de son maître, lorsqu'il produit à la distribution et fait sa demande à fin de privilége, moins d'un an après sa sortie, ne doive être colloqué. De peur d'être obscur, prenons un exemple qu'on puisse appliquer à tous les cas. Un domestique entré chez son maître le 1er juin 1850, en sort le 1er août 1851, n'ayant rien reçu de ses gages; il se trouve donc créancier de quatorze mois. Le maître meurt, tombe en déconfiture ou en faillite le 1er avril 1852; son domestique produit et fait une demande en collocation par privilége; nous dirons qu'on devra le colloquer pour ses quatorze mois: en effet, s'il fût resté au service, il aurait eu droit à son année échue le 1er juin 1851, plus dix mois de l'année courante (du 1er juin 1851 au 1er avril 1852); mais il n'a servi que pendant deux mois de cette année, en tout quatorze mois; or, les créanciers ne pourront lui opposer la prescription pour aucune partie de l'année échue, puisque la prescription n'a commencé à courir que du dernier jonr de cette année, c'est-à-dire du 1er juin 1851. De plus, les deux mois du 1er juin au 1er août 1851, font partie de l'année courante et sont privilégiés; donc, le domestique doit être colloqué pour ses quatorze mois.

On doit entendre par année échue celle qui précède immédiatement l'année courante; ainsi on doit repousser un domestique qui, ayant conservé sa créance pour une année antérieure à celle qui a précédé immédiatement l'année où est arrivé l'événement donnant lieu à la distribution, demanderait à être colloqué pour cette créance ainsi conservée. En effet, la loi ne dit pas que les gens de service auront privilége pour un an de gages; mais elle leur accorde cette faveur pour l'année échue et pour ce qui est dû sur l'année courante; elle lie dans son texte l'année échue à l'année courante : donc elle admet que les deux années se suivent immédiatement. Ajoutons que, dans l'espéce, on peut reprocher au domestique de ne s'être pas fait payer, ou du moins de n'avoir pas obtenu par voie amiable ou judiciaire, une sûreté pour sa créance.

Les termes de l'art. 2101, *pour l'année échue et pour ce qui est dû sur l'année courante, ont fait penser à* divers auteurs que le privilége n'est pas accordé à ceux des gens de service qui ne s'engagent que par fractions d'année. Non contents d'invoquer les termes de l'art. 2101 n° 4, ils argumentent encore de ce que la prescription annale de l'art. 2272 ne s'applique qu'aux gens qui s'engagent à l'année, tandis que ceux qui s'engagent au mois ou pour moins d'une année, sont soumis à la prescription de six mois de l'art, 2271, et dès lors ne peuvent, disent-ils, avoir de créance privilégiée pour leur salaire d'une année échue et de l'année courante.

Ces arguments nous semblent plus spécieux que solides. Nous pensons que le privilége est accordé aux gens qui s'engagent pour une fraction d'année. Quelle bonne raison pourrait-on donner d'une disposition de loi accordant un privilége à une personne pour un an, et le refusant à une autre, seulement parce que le louage de ses services est, d'après la convention, de moins longue durée? L'un mérite-t-il moins de faveur que l'autre? Celui qui ne s'est engagé que pour trois mois a-t-il, plus que celui qui a loué ses services pour un an, pris le soin de se faire donner des sûretés? Évidemment non.

La loi, dans l'art. 2101-4°, n'a fait autre chose que de déterminer le laps de temps le plus long pour lequel le privilége puisse exister, elle ne s'est pas occupée de la prescription. Le créancier, d'ailleurs, a pu interrompre la prescription de six mois; il a pu faire reconnaître que sa dette existait encore; dès lors, rien ne l'empêche d'exercer le privilége dans les limites extrêmes de l'art. 2101 (1).

CHAPITRE V.

FOURNITURES DE SUBSISTANCES.

Ce privilége est fondé sur des raisons d'humanité, afin que l'homme insolvable puisse encore trouver les choses nécessaires à son existence. D'ailleurs, les créanciers ne peuvent se plaindre, car ils ont un intérêt commun à ce que l'on conserve la vie à leur debiteur, qui, peut-être, les payera plus tard complétement, grâce à son travail.

L'art. 2101 n° 5 déclare que les marchands en détail ont privilége pour les fournitures de substances faites au débiteur et à sa famille pendant les six derniers mois, tandis que les marchands en gros et les maîtres de pension ont privilége pour les fournitures de la dernière année. On peut constater qu'à l'égard des marchands en gros, l'étendue du privilége cadre parfaitement avec le laps de temps fixé par la loi, dans l'art. 2272, pour la prescription des fournitures avancées par des marchands à des personnes non marchandes; mais il n'en est pas de même pour les marchands en détail ; car, quoique leur action ne se prescrive que par un an, le privilége ne les protége cependant que pour les créances résultant

---

(1) M. Duranton, t. 19, p. 59 ; Valette, n° 33.

des fournitures faites dans les derniers six mois. Pour ce qui excède les six mois, les marchands en détail sont des créanciers chirographaires. L'étendue de ce privilége cadre avec le temps de la prescription pour les créances des hôtelliers et des traiteurs, qui sont des espèces de marchands en détail.

On a cherché à donner plusieurs explications de la distinction faite par l'art. 2101 n° 5, entre les marchands en gros et ceux en détail. Il y a des personnes qui ont donné pour motif que l'on est dans l'habitude de régler plus souvent ces comptes avec les marchands en détail qu'avec les marchands en gros, qui font presque toujours un plus long crédit ; mais ce motif ne serait bon qu'autant que le legislateur aurait fait la même distinction au titre de la *prescription*, et mis de l'harmonie dans les dispositions de la loi.

On a dit encore, pour expliquer cette différence, et je crois avec raison, que les redacteurs du Code Napoléon, inspirés du souvenir de l'ancien droit, qui distinguait entre les marchands en gros et ceux en détail, ont, par inadvertance, introduit ici cette classification, disparue presque totalement du titre de la *prescription*.

Pour calculer l'année ou les six derniers mois que comprend le privilége, il faut remonter en arrière à partir du jour de la mort du débiteur, ou bien, en cas de faillite, du jour de la déclaration de la faillite, ou bien, en cas de déconfiture, du jour de la demande en collocation formée par le créancier.

Le Code Napoléon, dans le n° 5 de l'art. 2101, accorde un privilége sur tous les meubles, pour fournitures de subsistances faites au débiteur et à sa famille.

Tous les auteurs ne sont pas d'accord sur la portée du mot *subsistance*.

Dans une première opinion, ce mot désignerait tout ce qui est nécessaire pour vivre, c'est-à-dire non-seulement les aliments, mais encore le logement et les vêtements.

Nous pensons, avec la plupart des auteurs, que la loi en se servant des expressions *fournitures de subsistances,* a voulu parler des denrées, même non alimentaires, qui se consomment immédiatement et se renouvellent journellement pour les besoins de la vie matérielle, telles que la nourriture, le chauffage, l'éclairage, le savon et autres menues denrées.

Le mot *subsistances*, pris dans son acception la plus large, n'embrasse que les denrées que l'on consomme immédiatement en les employant aux besoins de la vie animale : ce serait donc en forcer le sens naturel que d'y comprendre les vêtements, le logement. D'ailleurs, en ce qui concerne le logement nous verrons plus loin que le bailleur à un privilége particulier (art. 2102-10), ce qui semble bien montrer que le législateur ne l'a pas eu en vue dans le n° 5 de l'art. 2101.

Les dépenses pour subsistances, doivent être proportionnées à la condition des personnes qui les ont faites. Ce sont les tribunaux qui, dans leur sagesse, apprécieront celles de ces dépenses qui pourront être regardées comme excessives, et les repousseront.

Le maître de pension jouira du privilége que nous examinons, pour la somme qu'il a déboursée pour les frais de nourriture de ses élèves ; mais il n'aura aucun privilége pour les frais d'éducation, d'instruction, d'arts d'agrément ; car ce sont là des services intellectuels et non pas de fournitures de subsistances (1). Par la même raison, nous lui refuserons ce privilége pour les livres, plumes, papier et autres objets de même nature qu'il aurait livrés.

Les fournitures de subsistances elles-mêmes ne doivent pas être privilégiées dans le cas où il y aura eu des dépenses voluptuaires, comme celles que le débiteur aurait faites chez le confiseur, le glacier. Décider ainsi, c'est rentrer complétement dans l'esprit de la loi.

Mais d'après quoi pourra-t-on distinguer un marchand en gros d'un marchand en détail ?

Nous pensons qu'on ne doit pas s'attacher à l'enseigne d'un marchand pour déterminer l'étendue de son privilége, car le marchand le plus humble peut, s'il lui plaît, prendre le titre de marchand en gros.

On ne peut pas non plus se fonder sur l'habitude qu'a le marchand de livrer sa marchandise en grandes quantités à la fois, ou par quantités minimes. M. Persil (*Reg. hypoth.*, 2101, § 5, n° 2, 3) enseigne qu'il faut se référer à la coutume du marchand, de vendre par grandes ou par petites quantités. Cette décision présenterait des inconvénients : d'abord, on ne pourrait pas facilement prouver quelle est l'habitude du marchand, et d'ailleurs, le marchand a pu déroger à cette habitude. Il peut arriver très-bien que tel marchand, qui d'ordinaire vendait au débiteur du vin en bouteilles, lui livre en dernier lieu une ou deux pièces dont le prix lui serait encore dû.

---

(1) **M.** Valette, à son cours.

Le meilleur parti à prendre pour déterminer l'étendue de ce privilége est de s'attacher seulement à la nature des fournitures, à leur importance, sans plus se préoccuper des habitudes commerciales du fournisseur que de son enseigne. De là on peut tirer cette règle, que le marchand qui aura fait des fournitures par grandes quantités à la fois sera considéré comme marchand en gros et par conséquent sera colloqué pour les fournitures de la dernière année, tandis que celui qui n'aura fourni que de minimes quantités de marchandises ne sera colloqué que pour les six derniers mois.

Le Code accorde ce privilége non-seulement aux fournitures faites au débiteur lui-même, mais encore à celles qui sont faites à sa famille, c'est-à-dire à sa maison, ce qui comprend sa femme, ses enfants, et même les autres personnes qui habitent avec lui, qui sont à sa charge, et dont il est considéré comme le chef. De là il résulte que les fournitures faites à un aubergiste ne sont pas privilégiées en ce qui concerne la portion consommée par les voyageurs (1). De même, le fournisseur n'aura de privilége sur les biens du maître de pension que pour les fournitures consommées par celui-ci et par sa famille; mais il n'en aura pas pour celles qui ont été consommées par les élèves de la pension.

------

(1) Zachariæ.

CHAPITRE V.

DES PRIVILÉGÉS GÉNÉREUX RÉSULTANT DES LOIS SPÉCIALES.

Il faut nous reporter à l'art. 2098, qui est conçu en ces termes : «Le privilége à raison des droits du Trésor « royal, et l'ordre dans lequel il s'exerce, sont réglés par « la loi qui les concerne. »

Le Trésor impérial ne peut cependant obtenir de privilége au préjudice des droits antérieurement acquis à des tiers. Cet article déclare que, dans certains cas, le Trésor public aura privilége, mais il n'organise pas ces priviléges; il renvoie aux lois spéciales que nous allons rechercher. Cette phrase de l'article que « le Trésor ne peut obtenir de privilége au préjudice des droits antérieurement acquis à des tiers, » doit être entendue en ce sens que le Trésor ne pourrait, en vertu de lois postérieures au Code, établissant des priviléges en sa faveur, nuire à ceux déjà acquis avant la promulgation de ces lois.

I. — *Privilége de la douane.*

Il résulte des lois des 6-22 août 1791, tit. 3, art. 22, et 4 germinal an II, tit. 6, art. 4. Il sert à garantir le payement des droits et s'étend sur tous les meubles des redevables. Il ne faut pas accorder à ce privilége la même étendue qu'à ceux des créanciers privilégiés, favorisés par l'art. 2101. On ne peut pas admettre qu'en cas d'insuffisance du mobilier, le privilége de la douane puisse être exercé subsidiairement sur les immeubles.

Le texte de l'art. 22, tit. 13, de la loi de 1791, classe ce privilége. « Il ne passe qu'après les frais de justice et autres priviléges, et ce qui est dû pour six mois de loyer seulement. » Le locateur est lésé par cette disposition ; son privilége se trouve réduit à six mois, à l'égard du fisc, pour le recouvrement des droits de douane, tandis que ce privilége lui est accordé par l'art. 2102 du Code Napoléon, pour un bien plus long temps, ainsi que nous le verrons plus loin.

Il y a des personnes qui ont pensé que ce privilége de la douane n'existait plus ; que l'art. 22 du tit. 13 de la loi des 6-22 août 1791 se trouvait abrogée, parce que la loi du 11 brumaire an VII, dans ses art. 11, 12, 13 et 14, où elle énumère les priviléges, n'en mentionne aucun qui garantisse les créances du Trésor ; que la loi du 5 septembre 1807, qui avait pour but de rendre à l'État les droits qu'il avait perdus, ne mentionne pas ce privilége de l'administration des douanes ; mais il a été décidé que ce privilége subsistait, et le doute n'est plus possible maintenant, ce privilége ayant été confirmé et sanctionné par les lois de finances de 1814 et de 1816.

II. — *Privilége de la régie des contributions indirectes.*

La loi du 1er germinal an XIII a créé en faveur de la régie des contributions indirectes, dans son article 47, un privilége portant sur la généralité des meubles. Ce privilége garantit les créances de cette administration contre ses comptables en débit, et contre les redevables de droits. Le rang où la loi le colloque est très-avantageux, car il n'est primé que par les frais de justice et le locateur ; de plus, le locateur n'est pas préféré à la régie pour toute l'étendue de sa créance privilégiée, mais seulement pour six mois de loyer.

III. — *Frais de justice criminelle.*

La loi du 5 septembre 1807 garantit au fisc, moyennant un privilége, le recouvrement des frais de justice criminelle, correctionnelle et de police. L'article 2 de la loi du 5 septembre, déclare que ce privilége ne doit s'exercer qu'après ceux énoncés aux articles 2101-2102 du Code Napoléon. Ce même article crée en outre implicitement un privilége en faveur de ceux qui ont fait des frais pour la défense personnelle du condamné, car il décide que le privilége pour recouvrement de ces frais de justice sera primé par les sommes dues pour cette défense. Ces frais, en cas de contestation, sont réglés par le tribunal qui a prononcé la condamnation.

La loi n'a pas établi de privilége en faveur du Trésor pour le recouvrement des amendes ; elle ne lui a pas, à cet égard, accordé de protection exceptionnelle. On ne peut dire que le mot *frais* contienne aussi les amendes, car les frais n'ont pas de caractère pénal. Les seuls droits que le fisc puisse invoquer, pour recouvrer les amendes prononcées, sont ceux qui résultent de l'hypothèque générale qu'entraîne tout jugement, hypothèque qui produira effet du jour de son inscription.

La loi du 18 germinal an VII préférait au Trésor la partie lésée pour les indemnités qui lui avaient été

accordées par le jugement; mais bientôt on traita sévère-
ment la personne qui se portait partie civile. Le loi du
5 pluviôse an XIII mit à sa charge les frais de poursuite
correctionnelle, et la rendit responsable des frais de
justice criminelle avancés par le Trésor; de plus, la loi
de 1867 ne fit plus aucune mention de son droit de préférence.

On s'est demandé si les frais faits pour la défense
des condamnés sont protégés par un véritable privilége.
Il est des auteurs (1) qui prétendent que c'est au Trésor
seul que le défenseur est préféré, et non pas aux créanciers chirographaires. Ils se fondent sur ce que la loi
accorde préférence au défenseur sur le Trésor, mais
qu'elle ne dit pas que le défenseur sera préféré aux autres
créanciers. Sans nous arrêter à combattre les systèmes
de collocation inventés par ces auteurs pour appliquer
leur théorie, ce qui nous entrainerait trop loin, nous
ferons observer que le vœu de la loi du 5 septembre 1807
étant que le Trésor primât les créanciers chirographaires
du condamné, elle lui a accordé un privilége en termes
exprès. Cette loi a voulu, en outre, fixer l'ordre dans
lequel il s'exerçait, et a décidé que le Trésor passerait
après les créanciers privilégiés des articles 2101-2102,
et après le défenseur. N'est-ce pas dire que ce créancier,
qui prime le Trésor, créancier privilégié, est lui-même
un créancier privilégié à l'égard de tous autres? Cela est
évident. Le législateur de 1807 n'a pas dû avoir d'autre
pensée. Le défenseur dira aux créanciers cédulaires: «Le
Trésor vous prime; mais le Trésor est primé par moi:

---

(1) Tarrible. *Rép.* M. Troplong.

donc, et à plus forte raison, je dois vous primer. «*Si vinco vincentem te, a fortiori vinco te victum.*

IV. — *Privilége du Trésor sur les biens de ses comptables.*

C'est la loi du 5 septembre 1807, art. 2, qui a établi ce privilége. Il porte sur tous les meubles des comptables, mais il est primé, comme le précédent, par les priviléges des articles 2101 et 2102. Il s'exerce même à l'égard des femmes séparées de biens, pour les meubles trouvés dans l'habitation du mari, à moins qu'elles ne démontrent que ces meubles leur sont échus de leur chef, ou que les deniers qui ont servi à leur acquisition leur appartenaient.

Le privilége du Trésor public sur les biens de ses comptables a été, par un avis du Conseil d'État, en date du 25 février 1808, étendu au Trésor de la couronne. Le Conseil a considéré que ce Trésor n'était qu'une émanation du Trésor public; que le Code Napoléon n'a pu en faire mention, parce que, à l'époque de sa rédaction, le régime monarchique n'était pas encore rétabli, et que le Trésor public acquittait directement les charges qui, plus tard, furent supportées par la liste civile; qu'enfin la séparation survenue entre le Trésor public et celui de la couronne n'a pu altérer le privilége d'une portion du Trésor public, que la loi du 5 septembre 1807 considérait dans son intégrité.

V. — *Privilége pour contributions directes.*

En vertu d'une loi du 12 novembre 1808, article 1er, certaines contributions directes sont garanties par un privilége portant sur tous les meubles des redevables, en quelque lieu qu'ils se trouvent. Ce sont : la contribution mobilière, celle des portes et fenêtres, des patentes et toute autre contribution directe et personnelle pour l'année échue et l'année courante. Ce privilége, dit la loi, s'exerce avant tout autre.

Quant à la contribution foncière, elle n'est garantie que par un privilége spécial portant sur les récoltes, fruits et loyers des immeubles soumis à la contribution.

Privilége en matière de timbre.

La loi de finances du 28 avril 1816, première partie, article 76, a étendu aux droits et amendes en matière de timbre le privilége dont nous venons de parler, et que la loi du 12 novembre 1809 avait donné pour certaines contributions directes.

DEUXIÈME PARTIE.

Des priviléges spéciaux sur les meubles.

L'art. 2102 du Code Napoléon énumère différents priviléges qui ne portent que sur certains meubles, à la différence de ceux établis dans l'art. 2101. Les priviléges sur certains meubles sont nombreux. Nous parlerons d'abord de ceux qui résultent de l'art. 2102 du Code Napoléon. L'art. 2102 en signale douze.

On peut diviser ces priviléges en deux grandes catégories.

Priviléges qui tiennent à l'idée d'une constitution de gage faite, soit expressément, soit tacitement, au profit du créancier, et priviléges fondés sur ce que le créancier a mis ou conservé certains biens meubles dans le patrimoine du débiteur commun.

Dans la première catégorie, nous rangerons : 1° le privilége du créancier ayant reçu un gage conventionnel exprès ; 2° le privilége du locateur sur ce qui garnit les lieux loués et ce qui sert à l'exploitation de la ferme ; 3° celui de l'aubergiste sur les effets du voyageur ; 4° celui du voiturier sur la chose par lui transportée ; 5° le privilége qu'ont sur le cautionnement des fonctionnaires publics ceux qui sont devenus leurs créanciers par suite de prévarications ou abus par eux commis dans l'exercice de leurs fonctions.

Dans la deuxième catégorie nous placerons : 1° le privilége de celui qui a fait des frais pour conserver la chose

2° le privilége du vendeur de meubles ; 3° le privilége du locateur d'un bien de campagne sur la récolte de l'année ; 4° le privilége du fournisseur de semences ; 5° du vendeur ; 6° du réparateur d'ustensiles ; et le privilége de celui qui a travaillé pour produire et conserver la récolte de l'année.

A la différence de ce qu'elle a fait pour les priviléges généraux, la loi se tait presque constamment en ce qui concerne le rang à établir entre les priviléges spéciaux entre eux ; elle ne les classe qu'accidentellement dans quelques cas particuliers.

Le Code Napoléon ne nous donne non plus aucun classement des priviléges de l'art. 2102, comparés avec ceux de l'art. 2101.

Nous examinerons, à la fin de ce travail, les questions de classement qui n'ont pas été résolues par le Code, et nous tâcherons de combler les lacunes de la loi.

CHAPITRE Ier.

PRIVILÉGE DU CRÉANCIER GAGISTE.

Le Code s'occupe du gage dans les articles du Code Napoléon (2073 à 2084). Le gage est un contrat accessoire par lequel le débiteur ou un tiers remet à son créancier une chose mobilière affectée à la sûreté de la créance. Cette convention produit un droit réel indivisible, le *jus pignoris*, opposable au tiers. Le gage donne lieu aussi à des obligations personnelles, à l'action pignératitienne directe et à l'action pignératitienne contraire.

Dans l'ancien droit romain, le contrat de gage n'existait que lorsque le débiteur avait mis le créancier en possession de la chose donnée en gage ; mais lorsque l'hypothèque fut introduite par le droit prétorien, alors le gage se constitua par la seule convention, et la tradition n'avait pour conséquence que de transférer au créancier les bénéfices que donne la possession.

Dans l'ancien droit français, le droit coutumier n'admettait pas l'hypothèque conventionnelle des meubles ; et même dans les contrées où cette hypothèque était permise, elle procurait au créancier un droit de préférence seulement et non un droit de suite. Le créancier détenteur d'un meuble n'avait ce droit de préférence qu'autant qu'il possédait le meuble ; s'il abandonnait volontairement la possession, il perdait son droit, à moins que la chose ne lui eût été volée.

Le Code civil, dans le § 2 de l'art. 2102, déclare privilégiée *la créance sur le gage dont le créancier est saisi.* En présence de cette phrase, on s'est demandé si le créancier gagiste pouvait revendiquer son meuble dans le cas où il l'aurait perdu où qu'il lui aurait été volé ?

Il y a une grande analogie et même une identité parfaite entre le propriétaire qui a perdu ou qui s'est laissé voler un meuble, et le créancier gagiste qui se trouve dans la même position ; et comme le propriétaire peut revendiquer son meuble, le même droit doit être accordé au créancier. On peut tirer en faveur de cette opinion un argument de l'art. 2102, n° 5, alinéa... En effet, cet article déclare que le locateur dont le droit se fonde sur un gage général peut revendiquer les objets qui ont été déplacés sans son consentement : or, on doit à bien plus forte raison donner aussi la revendication au gagiste ; car la possession du locateur est très-imparfaite; souvent il sera difficile de constater l'identité des objets enlevés des lieux loués, tandis que cet inconvénient ne peut exister pour le créancier gagiste qui a eu la possession matérielle de l'objet.

Les adversaires de ce système nous opposent les articles 2076 et 2102, qui exigent pour le privilége la possession de l'objet donné en gage par le créancier. Pour expliquer les dispositions des art. 2076 et 2102, n° 2, il faut les interpréter dans le même sens que leur donnait l'ancien droit; le privilége n'était considéré comme perdu que dans le cas où le créancier gagiste avait volontairement cessé de posséder. Du reste, il serait bien singulier de soutenir qu'un droit réel, acquis conformément aux dispositions de la loi, pût disparaître devant un accident la perte de la chose, et s'évanouir devant un délit, le vol.

Mais quel sera le laps de temps pendant lequel le créancier gagiste pourra revendiquer? Le locateur a, pour exercer ce droit, un délai de quinze ou de quarante jours, suivant que le bien loué est une maison ou un bien rural. La loi n'ayant pas limité par une disposition spéciale le délai dans lequel le créancier gagiste pourra intenter son action, il faut décider qu'il pourra l'intenter dans les trois ans, à partir du jour de la perte de la chose ou du vol, délai qui est accordé au propriétaire.

Mais pour que le gagiste acquière son privilége, il faut qu'il accomplisse certaines formalités.

L'ordonnance de 1673 sur le commerce avait prescrit, pour prévenir les fraudes en matière de constitution de gage, des mesures que leur efficacité avait bientôt fait étendre par la jurisprudence aux gages donnés en matière non commerciale. Il fallait, pour que le gage fût constitué valablement, pour que le créancier pût prétendre à un privilége, qu'un acte par-devant notaire constatât, et la somme prêtée, et la nature du gage donné pour en garantir le payement. Dans le cas où les choses données en gage ne pouvaient être exprimées dans l'acte, il devait renvoyer à une facture ou inventaire mentionnant les quantité, qualité, poids et mesure des marchandises données en gage.

Le Code a presque reproduit les dispositions que l'ordonnance renfermait; il exige la rédaction d'un acte public ou d'un acte sous seing privé, enregistré, contenant déclaration de la somme due, de l'espèce et de la nature des choses données en gage ou un état annexé de leur qualité, quantité, poids et mesure. Ces formalites ne sont de rigueur qu'en matière excédant 150 francs, c'est-à-dire lorsque soit le gage, soit la créance qu'il garantit, excèdent cette somme. Quant à la date certaine que l'écrit obtient par la rédaction devant notaire ou par l'enregistrement, elle a pour but d'empêcher que le contrat n'ait lieu frauduleusement à l'époque où le débiteur ne pourrait plus légalement avantager l'un de ses créanciers.

Si donc un commerçant, depuis la cessation de ses payements ou dans les dix jours qui l'ont précédée, constitue un gage pour une créance antérieure, ce gage est annulé de plein droit; parce que le débiteur ne doit, après sa faillite ou à une époque très-rapprochée, époque où il prévoit la cessation des payements, pouvoir avantager un de ses créanciers aux dépens des autres. Le gage constitué, soit après la cessation des payements, soit dans les dix jours qui précèdent, a-t-il été constitué en même temps que la dette elle-même a été contractée ; alors le gage n'est pas nul de droit; et cela se comprend, puisque le créancier n'a voulu traiter avec le débiteur que moyennant cette garantie particulière.

On s'est demandé si le défaut d'enregistrement de l'acte sous seing privé peut être suppléé et le gage constitué, lorsque la date certaine résulte d'une des circonstances énumérées dans l'art. 1328 du Code Napoléon.

Il y a des personnes qui soutiennent l'affirmative ; car c'est uniquement pour conjurer les fraudes auxquelles l'absence de date certaine pourait donner ouverture que le législateur a exigé l'enregistrement. Rien n'indique dans les discussions que les auteurs de la loi aient entendu donner à l'enregistrement, en cette matière, une importance particulière. On ajoute que M. Gary, dans son discours au Corps législatif, interprétait dans ce sens les art. 2075 et 2076.

Il y en a d'autres qui repoussent ce système et qui pensent que l'enregistrement est indispensable à la constitution du privilége au profit du gagiste. Le silence de la loi sur les autres modes par lesquels l'acte peut acquérir date certaine, la considération que les priviléges sont de droit étroit, sont autant de considérations qu'ils invoquent pour soutenir leur opinion.

Les créances mobilières peuvent être données en gage (art. 2075). L'ancienne jurisprudence l'admettait aussi ; mais pour qu'une personne puisse donner sa créance en gage, il faut la rédaction d'un acte public ou d'un acte sous seing privé, enregistré ; il faut, de plus, que cet acte soit signifié au débiteur de la créance donnée en gage. L'acceptation authentique du débiteur produirait ici, comme en matière de cession de créance, les mêmes effets que la signification, aux termes de l'art. 1690. L'acceptation même est plus avantageuse par rapport aux tiers que la signification, puisqu'elle fait intervenir une personne de plus dans l'acte, où l'on craint que la fraude ne se glisse.

Le gagiste a un avantage aussi à ce que le débiteur accepte le gage, car le débiteur ne peut plus opposer certaines exceptions qui lui sont personnelles; par exemple, la compensation.

Le créancier doit se mettre en possession de la créance en s'en faisant délivrer le titre, à moins que les parties n'aient tombé d'accord à ce qu'un tiers détienne la créance. Si le débiteur devait rester en possession du titre de créance, il y aurait un grave inconvénient, car il pourait s'en servir pour se donner un crédit imaginaire, dont les tiers seraient victimes.

La chose d'autrui ne peut être donnée en gage sans le consentement du propriétaire. Si cependant le créancier avait de bonne foi reçu en gage la chose d'autrui, il aurait sur cet objet corporel un droit de gage opposable au propriétaire de l'objet; car le créancier pourra toujours invoquer contre le propriétaire la maxime : *En fait de meubles, possession vaut titre.*

Si la chose remise en gage était perdue ou volée, le propriétaire pourrait, pendant trois ans, la revendiquer entre les mains du gagiste.

Une grande analogie existe entre le privilége du gagiste et celui du commissionnaire. Nous allons nous en occuper de suite.

CHAPITRE II.

PRIVILÉGE DU COMMISSIONNAIRE.

Le commissionnaire est une sorte de mandataire qui se charge de faire, pour le compte de son commettant ou mandant, des actes de commerce de nature quelconque, exécute les ordres qu'il reçoit sans que les tiers connaissent les commettants, et sans offrir à ceux avec lesquels il traite d'autre garantie que sa propre solvabilité. Nous allons nous occuper du privilége que la loi commerciale accorde au commissionnaire.

Indépendamment de l'action personnelle que le commissionnaire exerce contre son commettant, il a en outre un privilége sur la valeur des marchandises destinées à être revendues, et qu'il reçoit en consignation pour garantie de ses avances, intérêts et frais.

Pour que ce privilége fût vraiment utile, il fallait l'affranchir des formalités longues et difficiles que la loi exige en matière de gage. Le Code de commerce a exempté lo privilége du commissionnaire de ces formalités toutes les fois que leur absence ne présente aucun danger, que les parties sont dans l'impossibilité de faire ce qui serait nécessaire pour constituer un gage. Le commissionnaire jouit du privilége, sans qu'il soit besoin d'aucune convention particuliére, pourvu que les marchandises lui aient été expédiées d'une place autre que celle où se trouve le siége de sa maison. Il faut, en second lieu, que les marchandises se trouvent à la disposition du commissionnaire, soit qu'il les tienne dans ses magasins, soit qu'elles aient été placées dans quelque dépôt ; ou bien qu'il démontre par lettre de voiture ou connaissement que les marchandises lui sont expédiées. On voit que dans ce dernier cas le connaissement ou la lettre de voiture représente les marchandises dont l'expédition est ainsi constatée. Le voiturier ne peut être valablement déchargé que par le reçu de celui à qui elles sont destinées, aux termes du connaissement ou de la lettre de voiture. D'ailleurs, le connaissement ou la lettre de voiture donnent au commissionnaire l'assurance qu'au bout d'un certain temps il aura la détention corporelle de la chose. Et son droit est si bien établi par ces actes, qu'il peut disposer de la marchandise avant de l'avoir reçue.

Les créances que garantit le privilége du commissionnaire sont celles des avances, intérêts et frais. On s'est demandé s'il est nécessaire que les avances aient été faites spécialement en vue des marchandises sur le prix desquelles le privilége s'exerce, et à l'occasion de leur envoi, la jurisprudence décide que le privilége garantit les dépenses faites par le commissionnaire nanti, dans l'intérêt du commettant, pour quelque cause que ce soit : elle se fonde sur la faveur que l'on doit accorder au commerce, sur la nécessité de donner au crédit des commerçants un point d'appui solide. On peut tirer un argument des termes de la loi, qui sont d'une grande généralité ; du reste, si l'on se bornait à accorder le privilége pour les déboursés faits en vue des marchandises et à leur occasion, ce serait réduire le privilége à bien peu de chose, car la plus grande partie de ces dépenses rentre dans les frais de conservation ou dans ceux de voiture, qui sont munis du privilége, d'après l'art 2102 du Code Napoléon, n°s 3 et 6.

L'art. 9 du Code de commerce prévoit le cas où les conditions de l'art. 93 n'auraient pas été réalisées, et il déclare que les prêts, avances ou payements, faits sur marchandises déposées ou consignées par une personne résidant dans le même lieu que le commissionnaire, ne sont garantis par aucun privilége, à moins que l'on n'ait pris le soin de remplir les formalités exigées par le Code Napoléon pour la constitution d'un gage.

Cette disposition était nécessaire, vu la grande facilité avec laquelle un failli parviendrait à soustraire ses marchandises à ses créanciers, en les remettant à un commissionnaire dont il obtiendrait des avances à leur détriment. Le législateur a pensé qu'une opération semblable ne se ferait pour ainsi dire jamais sans la connivence du commissionnaire, qu'on doit supposer instruit des affaires de son commettant.

Le texte de l'art. 91 semble bien formel, et, dès lors, on pourrait croire que le privilége n'existe pas lorsque, les marchandises étant expédiées d'une autre place, le sont pour le compte d'une personne résidant dans le même lieu que le commissionnaire. Cependant, la doctrine et la jurisprudence se prononcent pour l'existence du privilége, et donnent pour raison que l'art. 95 doit être interprété par l'art. 93, lequel, ne parlant nullement du domicile, s'attache uniquement à l'expédition ; que l'expression de l'art. 95, trop absolue, dépasse la pensée du législateur ; car les fraudes redoutées par lui, et qui l'ont porté à édicter l'art. 95, sont probables seulcment lorsqu'il s'agit de consignation ou dépôt de marchandises se trouvant sous la main du commettant.

Il y a une opinion qui déclare admettre que, même quand les marchandises remises au commissionnaire n'ont pas été expédiées d'une place sur une autre, le privilége existe sans formalités, si le commettant et le commissionnaire demeurent dans des lieux différents. On s'appuie sur l'impossibilité, ou du moins l'extrême difficulté de satisfaire aux exigences de la loi, pour donner un privilége de gagiste au commissionnaire ; et l'on ajoute que l'art. 95 ne semble astreindre aux formalités que le commettant et le commissionnaire demeuront dans la même place de commerce.

Les raisons précédentes seraient bonnes, si l'article 93 du Code de commerce n'existait pas, qui impose comme condition de privilége l'expédition d'une place sur une autre.

Si le commissionnaire a vendu pour le compte de son commettant les marchandises qui lui avaient été remises, il se paye sur le prix perçu par lui, des diverses sommes dont il est créancier. Rien n'est plus naturel ni plus conforme aux principes : il ne doit que l'excédant du prix sur les avances et payements. C'est cet excédant seul qu'il verse à son commettant. Dès lors, on ne voit pas en quoi il a besoin de privilége; mais il en est tout autrement pour le cas où le commettant vient à tomber en faillite avant la vente, car les syndics venant à faire vendre, le commissionnaire se ferait colloquer sur le prix de [cette vente.

CHAPITRE III.

PRIVILÉGE DU LOCATEUR SUR LES OBJETS GARNISSANT LES LIEUX LOUÉS.

§. 1er. — *De l'origine et de l'étendue du privilége.*

La loi accorde au locateur non-seulement un privilége, mais encore le droit de retenir, et par suite le droit de revendiquer les objets qui servaient à garnir sa maison. Nous parlerons après de cette prérogative accordée au propriétaire.

Quant au privilège du locateur, il a lui-même son origine dans le droit romain. D'après l'édit du préteur, lorsqu'il s'agissait d'une maison louée, le bailleur avait pour garantie de ses loyers, une hypothèque sur les objets du locataire garnissant cette maison, et cela sans qu'aucune convention expresse fût intervenue à ce sujet.

Eo jure utimur, ut quœ in prœdia urbana inducta illata sunt, pignori esse credantur, quasi tacite id convenerit; in prœdiis rusticis contra observatur (1).

Le bailleur d'une ferme avait une hypothèque tacite sur les fruits, mais il n'avait d'hypothèque sur les choses apportées dans la ferme que si une convention formelle était intervenue à ce sujet : *In prœdüs rusticis, fructus qui ibi nascuntur, tacite intelliguntur pignori esse domi-*

---

(1) L. 4, *In quibus caus.*, Dig.. 20, 2..

no fundi locati, etiamsi nominatim id non convenerit (1).
Cette différence s'explique facilement ; le locateur d'une
ferme, qui garde le silence, est présumé trouver que les
fruits produits par l'immeuble lui offrent une garantie
suffisante, tandis que, lorsqu'il s'agit d'un appartement,
d'une maison, comme il n'y a dans ce cas aucune production de fruits, le bailleur n'aurait aucune sûreté, si
on ne lui en donnait une tacitement sur les meubles que
l'on y introduira.

L'hypothèque soit convenue, soit tacite, garantissait à
Rome non-seulement le prix du bail, mais encore tout ce
qui comprenait l'*actio locati*, c'est-à-dire les réparations
locatives, les plantations que le locataire aurait promis
de faire, en un mot, toutes les clauses du bail.

Dans l'ancien droit français, cette prérogative accordée au propriétaire bailleur se transforma en un privilége. Dans les pays de droit écrit, la distinction entre le
bailleur de maison et le bailleur de ferme fut conservée,
tandis que, dans la plupart des coutumes, le privilége
fut accordé tacitement, même sur les meubles et instruments d'exploitation apportés dans la ferme. Toutefois,
à l'égard des coutumes muettes, le privilége du bailleur
sur ces objets n'était pas admis partout.

Le Code Napoléon a suivi les idées de Pothier et du
droit coutumier ; et, sans faire de distinction entre le
bailleur d'une maison ou d'une ferme, il accorde même
à ce dernier un privilége sur les objets apportés dans la
ferme.

En droit romain, l'hypothèque tacite accordée au loca-

---

(1) *In quibus caus.*, Dig. 20, t. 2. L. 7.

teur de maisons ne frappait que sur ceux des meubles apportés dans la maison louée, qui étaient destinés à rester pour la garnir. Encore fallait-il que ces meubles appartinssent au locataire. Aussi, les meubles de celui qui venait occuper la maison louée par suite de la concession gratuite à lui faite par le locataire, échappaient-ils à l'hypothèque garantie à la créance du locateur ; au contraire, les meubles du sous-locataire étaient hypothéqués tacitement, au profit du locataire principal et du propriétaire de la maison, mais seulement pour le montant des obligations résultant de la sous-location.

L'ancienne jurisprudence affectait au privilége du locateur les choses apportées, non provisoirement, dans les lieux loués, mais pour y rester à demeure, comme par exemple les meubles meublants. Il en était de même des objets garnissant les lieux d'une manière ostensible et servant à leur exploitation, selon leur destination propre. Ainsi Pothier nous dit que les marchandises placées dans les magasins ou boutiques étaient obligées au locateur. Quant à l'argent comptant, sa destination n'étant pas de garnir la maison, d'y rester, mais d'en sortir pour subvenir aux diverses dépenses du locataire, on le regardait généralement comme non affecté au privilège.

Le Code Napoléon déclare que le privilége existe sur le prix de tout ce qui garnit la maison louée ou la ferme, et de tout ce qui sert à l'exploitation de la ferme. Ce texte est, dans sa rédaction, plus précis que les articles 408 de la coutume d'Orléans et 171 de la Coutume de Paris. Article 171 : « il est loisible à un propriétaire d'aucune maison par lui baillée à titre de loyer, faire procéder par voie de gagerie en ladite maison, pour les termes à lui dus pour le louage sur les biens existant en ville. »

Article 408 de la Coutume d'Orléans. « Le seigneur d'hôtel peut faire exécution sur tous les biens meubles qu'il trouve en son hôtel, pour le payement des loyers qui lui sont dus, encore que celui sur lequel l'exécution sera faite ne tînt que partie de la dite maison. »

Mais que doit-on entendre par les mots que l'on rencontre dans l'art 2102 n° 1, 1ᵉʳ alinéa du Code Napoléon ! *tout ce qui garnit la maison louée ou la ferme?* Le législateur n'a pas voulu entendre par cette expression seulement les *meubles meublants*, c'est-à-dire ceux qui ornent les lieux loués, mais encore les choses apportées dans la maison pour y être consommées, les objets placés en évidence dans les magasins, caves et greniers disposés pour les recevoir, et même les objets habituellement renfermés, qui sont cependant destinés à rester dans la maison, où ils sont d'un usage journalier : par exemple, le linge, la vaisselle. Le locateur a dû raisonnablement compter sur le prix de ces objets ; il faut donc admettre qu'il a privilége sur eux. Quant au numéraire, ignoré de tout autre que de son maître, qui le renferme soigneusement, variant sans cesse en quantité et destiné à être dépensé au dehors, on ne peut dire qu'il garnisse les lieux loués, et l'on doit décider qu'il n'est pas soumis au privilège. Cela ressort même de l'art. 2102, qui fait porter le privilége sur le *prix* de ce qui garnit les lieux loués ; or, on ne vend pas le numéraire qu'on a saisi.

Selon ces personnes, le privilége ne porte pas sur les bijoux, pierreries et autres objets, dont l'absence n'empêcherait pas les lieux d'être garnis des objets qu'on y place ordinairement.

Les titres de créances qui se trouvent dans la maison ne sont rien par eux-mêmes ; ils constatent seulement des droits qu'a le locataire ; mais ces droits, ne résidant dans aucun lieu, ne garnissent pas la maison ou la ferme, et ne sont pas grevés du privilége du bailleur (1).

M. Mourlon, dans son *Examen critique du commentaire de M. Troplong sur les priviléges*, va encore plus loin ; il pense que tous les objets qui sont dans la maison la garnissent, que ces objets soient apparents ou non : non-seulement les armoires, buffets et secrétaires qui sont dans les appartements, mais encore ce qu'ils renferment.

Il excepte : 1° les titres de créances, car ces choses étant incorporelles, n'ont aucune situation.

2° L'argent comptant. D'après ce système, le locateur pourrait exercer son privilége sur les bijoux et pierreries.

Il peut se faire que les meubles dont se sert le locataire ou dont il a garni les lieux loués ne lui appartiennent pas, mais qu'ils soient à des tiers ; dans ce cas seront-ils affectés au privilége du locateur ?

A Rome, ces meubles échappaient au droit de gage ; aucun objet ne pouvant être affecté d'un droit réel sans le consentement exprès ou présumé du propriétaire.

En droit français le bailleur a privilége sur ces meubles, s'il est de bonne foi. En effet, dans la législa-

---

(1) M. Valette.

tion française, le privilége du locateur sur les meubles qui garnissent la maison reposant sur une idée de gage tacite, il a sur eux une sorte de possession qui lui permet d'invoquer la protection que le Code Napoléon accorde à la possession de bonne foi ; le locateur comprendra donc ces meubles dans son privilége, en faisant usage de la maxime : *En fait de meubles possession vaut titre.*

Le locateur n'aura pas de privilége sur les objets qui sont placés dans sa maison et qui n'y sont entrés que comme une conséquence de la profession du locataire. Ainsi, son privilége ne pourra pas atteindre les montres et les pendules qui ont été confiées à un horloger pour les réparer, le linge qui a été remis à une blanchisseuse, etc.

La régle *en fait de meubles possession vaut titre* donne la préférence au bailleur vis-à-vis du vendeur d'effets mobiliers. C'est encore cette même idée qui a inspiré l'art. 1813. Voici l'hypothèse de cet article :

Je suppose qu'un propriétaire a donné à Primus des bestiaux à garder, à nourrir, à conserver, et pour dédommagement de ses peines, il est convenu qu'il profitera de la moitié du croît, mais qu'il supportera aussi la moitié de la perte. Si Primus cède son droit à Secundus, ce dernier devra avertir le propriétaire de cette cession ; car autrement le propriétaire ne connaissant pas le contrat qui est intervenu entre Primus et Secundus, peut saisir le cheptel et le faire vendre pour ce que Primus lui doit.

En règle générale, le privilége du bailleur sur les meubles qui garnissent les lieux loués ou qui servent à l'exploitation de la ferme, sera efficacement invoqué toutes les fois que le propriétaire ignorera que ces meubles n'appartiennent pas au locataire; mais s'il sait qu'ils sont à autrui, son privilége cesse, et cette mauvaise foi peut se démontrer par toute espèce de preuve.

Le privilége du locateur ne peut pas s'exercer non plus sur les meubles perdus ou volés qui se trouveraient chez le locataire; car, dans ces deux hypothèses, la règle de l'article 2279 cesse de s'appliquer; la possession de bonne foi à titre de créancier gagiste ne doit évidemment pas être plus protégée que la possession de bonne foi de celui qui possède à titre de propriétaire.

Le bailleur subira les conséquences de la revendication du propriétaire de ces objets mobiliers.

S'il y a des sous-locataires, des sous-fermiers, le propriétaire aura-il privilége sur les meubles de ces personnes?

La majorité des coutumes accordait un privilége au propriétaire sur ces meubles, jusqu'à concurrence du montant de la sous-location.

La Coutume d'Orléans au contraire, article 408, dont nous avons cité le texte un peu plus haut, applique le privilége du propriétaire sur les meubles des sous-locataires pour la totalité de la valeur du loyer principal.

Le Code Napoléon a suivi les règles de la majorité des coutumes, comme le démontrent l'art. 1753 du Code Napoléon, les articles 819 et 820 du Code de procédure civile. Le propriétaire a un privilége sur les meubles du sous-locataire, mais seulement pour le montant de ce que ce sous-locataire doit au locataire principal.

Pour éviter les fraudes qui pourraient avoir lieu entre

le locataire principal et le sous-locataire, les payements
par anticipation que ce dernier ferait au locataire principal ne peuvent pas être opposés au propriétaire ; et cependant on pourrait opposer au locateur les payements
faits avant l'échéance, soit en vertu de l'usage, soit en
vertu d'une clause de son bail.

Le locateur agissant contre le sous-locataire n'exerce
pas les droits de son débiteur, il n'a pas besoin de recourir à l'article 1166 ; il a une action directe qu'il exerce
en son nom. Cette action directe lui est très-avantageuse,
puisqu'elle le soustrait au concours des autres créanciers du principal locataire, et qu'elle lui permet de procéder par saisie-gagerie, au lieu de suivre la voie plus
pénible et plus longue de la saisie-arrêt.

Quelle est l'étendue de la créance garantie par le privilége du locateur. La loi du titre du Dig., *In quibus caus.
pign. vel hypoth.*, nous montre que l'hypothèque du locateur garantissait non-seulement le loyer, mais aussi les
autres créances qu'un locateur peut avoir contre son locataire, et notamment les réparations locatives. Dans l'ancien
droit, les Coutumes présentaient beaucoup de divergence
relativement à l'étendue du privilége, aussi bien qu'à la
quotité des loyers dont ils assuraient le payement. Ainsi
à Orléans, comme le rapporte Pothier, l'usage constant
était d'accorder au bailleur, privilége pour tout ce qui
était échu et à échoir, et ce, sans distinguer aucunement
entre les diverses espèces de baux. Peu importait que le
bail fût notarié, sous seing privé ou verbal ; à Paris, où
les précautions contre la fraude étaient plus nécessaires,
le privilége avait moins d'étendue. On distinguait, d'ailleurs, et certes cette distinction était prudente, entre les

baux passés devant notaires et ceux faits par actes sous seing privé, ou par simple convention verbale.

Le locateur était préféré pour toutes les obligations résultant du bail, quand celui-ci était notarié ; il était donc colloqué pour tout ce qui était échu et tout ce qui était encore à échoir, en fait de loyer et même généralement pour toute créance résultant du bail ; tandis que, si les baux étaient faits par acte sous seing privé ou verbalement, le bailleur n'était préféré que pour trois termes échus et le courant. Si, avant la saisie des meubles du locataire par un de ses créanciers, le bail sous seing privé avait été reconnu en justice, le bailleur était préféré, comme si son bail eût été passé devant notaire.

Le Code civil a voulu favoriser les locations qui donnent naissance au contrat le plus habituel ; il a donné au bailleur un privilége qui non-seulement assure le payement des sommes dues pour les loyers, fermages, réparations et autres obligations de la nature du contrat de bail, mais qui aussi garantit l'exécution de toutes les obligations nées des clauses accessoires, que la volonté des parties a jointes au contrat.

Si le propriétaire des biens loués avait fait des avances à son locataire, autrement que par suite d'une clause du bail, aurait-il son privilége pour se faire restituer ses avances ?

Si les avances ont été faites par le propriétaire au fermier pour l'exploitation de la ferme, ces avances ne sont qu'une suite du contrat primitif, et par conséquent se trouvent renfermées dans l'expression générale de notre article et pour tout ce qui concerne l'exécution du bail ;

mais il n'y aurait pas lieu de donner au privilége une autre extension.

Lorsque le locateur est seul créancier poursuivant, la loi ne l'admet pas à se faire payer des loyers à échoir ; comme tout autre saisissant, qui serait un créancier ordinaire, il n'obtient que ce qui lui est dû à l'époque où il intente son action ; car on ne peut pas, en principe, contraindre un débiteur à payer avant l'échéance du terme.

Ce n'est que dans le cas où le conflit s'élève entre le locateur et les autres créanciers, que la collocation par privilége est faite au profit du propriétaire, et ce, même pour des créances non échues, pour des créances qui n'existent pas encore. On voit quels résultats exorbitants sont nés de la faveur extrême que le législateur accorde au locateur. L'étendue de ce droit du locateur, de se faire colloquer pour des obligations à échoir, varie selon que le bail a acquis ou non date certaine.

Cette différence s'explique facilement : Celui qui est en faillite ou dont les biens sont saisis est disposé à faire disparaître le plus qu'il peut du gage de ses créanciers. La loi a craint qu'un concert frauduleux n'intervînt entre le locateur et le locataire, concert qui aurait pour but d'étendre encore davantage le privilége du locateur au grand préjudice des créanciers, en présentant frauduleusement un nouveau bail qui exagèrerait soit le prix de location, soit le nombre des années échues, ou des années à échoir.

Quand le bail est authentique, ou qu'étant sous seing privé il a date certaine, le privilége existe pour tout ce qui est échu et pour tout ce qui est à échoir : ainsi seront garantis non-seulement les loyers et termes échus, mais encore toutes les créances exigibles ou non, par exemple les améliorations que le locataire devait exécuter pendant les annéés suivantes.

Il est bien évident que le privilége n'assurerait pas l'exécution des obligations qui pourraient provenir d'un délit ou quasi-délit éventuel, comme seraient des dégradations possibles.

Si le bail n'a pas date certaine, le privilége du locateur, dit la loi, a lieu pour une année, à partir de l'expiration de l'année courante. Cette disposition de la loi restreint évidemment, et à raison de ce que le bail est suspect, le privilége pour ce qui regarde les années à échoir, puisqu'elle ne l'accorde que pour celle qui suit l'année courante ; mais les jurisconsultes sont bien loin d'être d'accord sur l'application ou la non application, dans ce cas, du privilége aux années échues et à l'année courante.

Trois systèmes sont en présence sur cette importante question :

Le premier système consiste, en se renfermant strictement dans le texte de la loi, à n'accorder le privilége que pour une année, à partir de l'expiration de l'année courante, en le refusant pour l'année courante aussi bien que pour les années qui la précèdent. Les priviléges étant de droit étroit, dit-on, ne peuvent pas être étendus d'un cas à un autre. On invoque encore un usage du Châtelet de Paris, qui donnait, quand le bail était sous seing privés ou verbal, privilége pour trois termes échus et le terme courant ; les redacteurs n'auraient fait que transporter l'année tout entière dans l'avenir.

Le second système accorde un privilége au locateur pour l'année courante et celle qui la précède, lui garantissant ainsi deux années de loyer. On fait observer, dans ce système, qu'il serait difficile d'expliquer comment les rédacteurs du Code auraient voulu privilégier les loyers d'une année à venir, et refuser le privilége pour les loyers de l'année présente. D'ailleurs, la sincérité du bail, sincérité que la loi présume du moins pour une annéc à partir de l'année courante, existe à plus forte raison pour cette année courante, à l'égard de laquelle les fraudes qu'on redoute ne pourraient porter que sur le prix ; tandis que, pour l'année à échoir, elles peuvent porter tant sur l'existence du bail que sur le montant du loyer.

Le troisième système, qui nous paraît préférable, consiste à donner le privilége pour l'année courante, l'année qui la suit et toutes les années échues ; les termes même de la loi nous y conduisent invinciblement. Les rédacteurs du Code ne refusent le privilége au locateur que pour les années à échoir, à partir de celle qui suit l'année courantc : ils ont étendu leurs dispositions sur l'avenir sans rien dire du passé ; l'avenir seul est restreint : donc tout le passé est couvert par le privilége.

Voyons d'ailleurs quelles sont les fraudes qu'on a pu craindre, et si elles seraient de nature à empêcher l'adoption de notre système.

Supposons la dissimulation des quittances par le locataire colludant avec le locateur, ce qui aurait pour résultat d'attribuer au bailleur une somme considérable de loyers déjà acquittés ; eh bien ! cette fraude est inévitable, elle peut se produire aussi bien quand il y a bail authentique que dans le cas qui nous occupe : tous les efforts de la loi sont impuissants contre elle.

La vraie fraude à redouter serait la prolongation du bail pour les années à venir : elle aurait pour résultat de faire, lors de la distribution, colloquer le locateur pour un grand nombre d'années, et permettrait au locataire, à qui le bailleur son complice remettrait les fonds, de conserver une partie de son actif. Mais cette fraude est efficacement prévenue par le législateur, puisqu'il refuse le privilége pour les années à échoir.

On dira peut-être qu'il serait facile d'augmenter le nombre des années échues; mais il n'en est rien. En effet, l'occupation de la part du locataire, ce fait matériel si facile à prouver, fera connaître d'une manière sûre l'époque où le bail a commencé à courir. Ce serait donc une crainte chimérique, que celle qu'on éprouverait de voir le bailleur et le locataire faire remonter l'époque de l'entrée en jouissance à un temps plus ancien; ils le tenteraient en vain. Quant à la possibilité d'exagérer le taux des loyers, on ne doit pas non plus la redouter. N'y a-t-il pas une sorte de cours général pour les locations? Ne peut-on pas arriver, par des expertises, à fixer le prix véritable qu'on voudrait dissimuler? La loi n'a pas pu chercher à parer à ces fraudes, elles sont trop grossières; elle a voulu remédier à celles qui tendraient à prolonger la durée du bail dans l'avenir, elle y a pleinement réussi; mais quant au passé, elle ne s'en est pas inquiétée. Les art. 661 et 662 du Code de procédure, qui, sans distinguer entre le cas où il y a bail avec date certaine, et celui où il est dépourvu de cette date, autorisent le locateur à se faire colloquer, par privilége, pour les loyers *qui lui sont dus*, montrent que le législateur n'a pas entendu lui refuser de privilége pour les années échues. Ce qui prouve mieux cette intention du législateur et ce qui empêche le doute, c'est l'art. 819 du même Code : «Les propriétaires ou principaux locataires de maison ou de biens ruraux, soit qu'il y ait bail ou qu'il n'y en ait pas, peuvent faire saisir-gager, *pour loyers et fermages échus*, les effets et fruits étant dans lesdites maisons ou bâtiments ruraux et sur les terres.» Et le rédacteur n'avait pas cependant oublié le privilége, puisque, vers la fin du même article, il prend soin de dire qu'il est conservé sur les meubles déplacés, si la revendication a été faite en temps utile.

Il y a un quatrième système qui s'est produit sur cette question ; la loi dit : une année à partir de l'expiration de l'année courante ; il résulte de là que la loi n'accorde de privilége que pour une seule année à partir de *l'expiration de l'année courante*. Il y aurait là une méprise du législateur ; il faudrait lire : à *partir du terme courant ;* puis, après l'expiration du terme courant, il ne faudrait pas aller en avant, et prendre l'année dans l'avenir, mais revenir en arrière et prendre l'année dans le passé ; on aurait ainsi trois termes échus et le terme courant : ce serait simplement la reproduction de l'ancien usage du Châtelet. Cette interprétation répugne trop au texte, et son auteur lui-même a été le premier à le reconnaitre.

Si le bail n'avait pas de date certaine lors de l'entrée en jouissance, mais que, par un événement postérieur, il en eût acquis une avant la faillite ou la saisie, nous l'assimilerions complétement au bail ayant date certaine *ab initio;* la loi le présume sincère, sauf comme toujours, aux autres créanciers à prouver la fraude s'il y a lieu. Notons seulement qu'il faut au moins que la date certaine soit antérieure à la faillite ou à la saisie, car le débiteur ne peut plus dès lors constituer un droit de préférence.

Je n'ai pas besoin de dire que, quelque étendu que soit le privilége pour les loyers échus, il ne peut être invoqué que pour les loyers non prescrits.

§ 3. — *Du droit que les créanciers du locataire ont de relouer.*

Si le locateur a été colloqué par privilége pour des loyers non encore échus, les créanciers du locataire ont le droit de relouer la maison ou la ferme, et de faire leur profit des loyers et fermages (art. 2102-1°, al. 1ᵉʳ); mais l'article paraît ne leur accorder ce droit que si le bail a date certaine, ce n'est qu'alors que le locateur pourrait se faire colloquer par privilége, pour tout ce qui est à échoir. Cependant, il ne faut pas douter qu'il n'en soit de même dans le cas où le bail n'a pas date certaine. Le but de la loi, en déclarant que les créanciers du locataire pourraient relouer la maison ou la ferme, a été de réparer ce qui serait injuste. Le locateur, après avoir reçu les loyers représentatifs de la future jouissance, ne peut être admis à reprendre cette jouissance, ou le même inconvénient existerait quand même le bail serait verbal et dépourvu de date certaine.

Le droit de sous-louer ou céder le bail appartient aux créanciers lors même que le contrat défendrait de sous-louer ou de céder le bail. Le législateur, en accordant au locateur le droit de se faire payer par avance des loyers qui peut-être ne lui seront jamais dus, a dû accorder aux créanciers, en compensation de cet énorme avantage, le droit de pouvoir dans tous les cas sous-louer et céder le bail.

La mention dans le contrat, que le locataire ne pourra sous-louer ou céder le bail, ne manque du reste pas d'importance; si la mention existe, le locateur peut à son choix ou jouir de sa chose, mais en se contentant des termes échus, ou abandonner sa jouissance en se faisant payer les termes non échus. Si aucune mention ne figure dans le contrat, le locateur ne pourra jouir de la même alternative; les créanciers pourront toujours le désintéresser, céder et sous-louer si cela leur est profitable, s'ils trouvent à relouer pour un prix supérieur.

Pour que les créanciers puissent relouer pendant les années à échoir quand la date est certaine, ou seulement pendant l'année qui suit l'année courante si le bail n'a pas date certaine, il faut qu'ils remplissent certaines conditions.

Le bailleur qui perd la jouissance de l'immeuble loué doit être désintéressé. Si la vente des meubles garnissant les lieux loués a suffi pour que le locateur fût intégralement payé de ce que lui garantit le privilége, nulle difficulté ne se présente, et les créanciers peuvent relouer; mais si le prix est insuffisant, les créanciers devront, d'après l'art. 2102, *payer au propriétaire tout ce qui lui serait encore dû.* Cette expression doit être comprise en ce sens que les créanciers devront suppléer à l'insuffisance des objets vendus, et couvrir le locateur des loyers échus et de ceux à échoir dans les limites du privilége lui-même, limites qui sont aussi celles de la durée de la re-location.

Sur le payement que doivent faire les créanciers certaines difficultés se sont élevées.

Les créanciers sont-ils obligés, pour relouer, à payer immédiatement au bailleur les loyers à échoir que sa collocation par privilége n'a pu lui faire obtenir intégralement? Nous sommes de cet avis. Si le gage du locateur avait été suffisant, il aurait été payé de suite, et les créanciers auraient pu relouer sans être tenus de rien. Comment soutenir que ces droits doivent être moindres quand le mobilier n'est pas assez considérable pour le désintéresser? La loi ordonne aux créanciers de lui payer tout ce qui peut lui être accordé; n'est-ce pas dire que les créanciers ne pourront relouer qu'autant que le locateur sera dans la même position que celle où il se fût trouvé, si son privilége l'avait efficacement protégé? Nos adversaires disent : on ne peut exiger des créanciers des loyers à échoir parce que la loi ne l'a pas dit, parce que les loyers ne seront peut-être jamais dus et que les créanciers souffriront de faire l'avance de la somme représentative des loyers à échoir. Ils ajoutent que les intérêts du locateur ne peuvent être compromis, puisqu'il a son droit sur les meubles du sous-locataire et son action personnelle.

Nous allons réfuter toutes ces objections. La loi n'est pas réellement silencieuse, car elle exige que le locateur reçoive des créanciers *tout ce qui lui serait encore dû*, c'est-à-dire tout ce que le privilége lui aurait procuré; et pour acquérir la conviction qu'elle entend que les loyers à échoir soient perçus de suite par le locateur, il suffit de remarquer qu'elle parle de ce payement dans la phrase même où elle règle l'étendue du privilége. Quant aux deux objections tirées de la possibilité que les loyers à échoir soient jamais dus, et du préjudice que leur payement, par anticipation, causerait aux créanciers, il suffit, pour les réfuter, de remarquer que même chose se présente lorsque par l'exercice de son privilége le locateur est payé intégralement ; car alors les loyers à échoir peuvent aussi ne jamais être dus, et les créanciers souffriront du prélèvement qu'exercera le locateur sur la masse. D'ailleurs, il ne faut pas trop se préoccuper ici de l'intérêt des créanciers; rien ne les force à sous-louer, ils sont maîtres de le faire ou de s'en abstenir : c'est à eux de calculer les chances et par conséquent de subir les conséquences de leur erreur.

On dit que le locateur est suffisamment protégé. Mais cela n'est pas exact, car rien ne prouve qu'on trouvera un locataire ; peut-être n'en aura-t-on un qu'en lui cédant les lieux à un prix moindre que celui que payait le débiteur. Dans le cas où on ne trouve pas de sous-locataire, le locateur n'aura que son action personnelle contre les créanciers pour se faire payer les loyers. Eh! bien, cette action personnelle n'est pas une sérieuse garantie ; car il faudra que le locateur actionne chacun des créanciers de son débiteur, pour obtenir de chacun de ceux qui seront solvables, une minime portion de ce qui lui est dû. Cela n'est pas possible! Rien n'est plus illusoire que cette prétendue sauvegarde des droits du locateur.

Il peut arriver que le bail, onéreux au locataire, n'offre à ces créanciers nul avantage qui leur fasse désirer de relouer. Pourront-ils, dans ce cas, se contenter de soûslouer pour le temps dont les loyers à échoir se trouvent acquittés d'avance, par suite de l'exercice du privilége, et ce dans l'intention de recouvrer seulement les loyers tant que la jouissance des lieux loués n'appartient plus au bailleur désintéressé?

Les partisans de l'affirmative prétendent que, par cela seul que le locateur s'est fait colloquer pour les loyers à échoir, il a renoncé à jouir des lieux pendant le temps dont les loyers lui sont payés; que dès lors on ne saurait les lui rendre sans commettre envers les créanciers une criante injustice, et que laisser les lieux vacants, ce serait leur nuire sans qu'il résultât nul profit pour qui que ce fût.

Mais on répond que les créanciers ne devant pas avoir plus de droit que n'en avait le locataire, leur débiteur ne peut pas scinder le bail et nuire ainsi au locateur, qui comptait sur la durée stipulée lors du contrat.

L'art. 2102 confirme encore cette opinion, en mettant à la charge des créanciers voulant relouer, *tout ce qui serait encore dû.*

§ 4. — *Revendication du locateur,*

Le droit qu'a le locateur de pouvoir revendiquer les objets qui garnissent la maison ou la ferme louée est un grand avantage , un bénéfice précieux sans lequel le locateur se trouverait souvent privé des avantages que lui assure le privilége , vu la facilité que le locataire aurait à faire disparaître les objets affectés à l'exercice de ce droit.

Le locateur d'une maison avait une hypothèque tacite, en droit romain, sur les objets qui garnissaient sa maison ; l'hypothèque comprenait un droit de préférence sur la chose et aussi un droit de suite ; et comme l'hypothèque est indépendante de la possession de la chose qui en est affectée, le locateur pouvait l'exercer envers tous et suivre les meubles apportés dans les lieux loués, même entre les mains des acquéreurs de bonne foi qui les détenaient :

Sous l'empire de l'ancienne jurisprudence française, d'après le droit coutumier le plus général, les immeubles seuls étaient susceptibles d'hypothèques, et par conséquent les meubles ne pouvaient pas être affectés d'hypothèque. D'après le droit écrit, les meubles pouvaient être affectés d'hypothèque, mais l'hypothèque sur les meubles était incomplète ; elle ne conférait qu'un droit de préférence et pas de droit de suite. L'hypothèque tacite romaine se transforma en une sorte de privilége de gage sur les choses apportées dans la maison ou dans la ferme.

Le privilége du créancier gagiste était subordonné à la possession de la chose engagée ; de même celui du locateur fut subordonné à la possession des meubles du locataire ; aussi le locateur perdait son privilége sur les objets qu'il consentait à laisser sortir de chez lui.

Cependant, le droit du bailleur n'était pas subordonné à la possession de la chose toutes les fois que le déplacement avait été fait d'une manière irrégulière et sans le consentement du locateur, car alors le détournement était considéré comme une sorte de vol du gage. Le droit de revendiquer les meubles devait être exercé dans un délai fort court, délai qui variait avec les coutumes. La Coutume d'Orléans accordait huit jours au locateur de biens urbains pour revendiquer les meubles, et quarante au locateur d'une ferme.

La revendication poúvait avoir lieu non-seulement contre le locataire ayant déplacé ses meubles sans en abdiquer la possession, mais aussi contre ses créanciers ayant reçu la chose de bonne foi en payement ou nantissement, ou contre les acheteurs de bonne foi. Cet usage, conforme à l'avis de Dumoulin, est rapporté par Pothier, qui signale pourtant, parmi les exceptions pouvant être opposées au locateur revendiquant, les cas où les meubles enlevés de l'hôtel ont été vendus en foire ou marché, ou judiciairement par le ministère d'officiers compétents.

Le Code s'exprime de la manière suivante sur le droit de revendiquer qui appartient au locateur : « Le propriétaire peut saisir les meubles qui garnissent sa maison ou sa ferme, lorsqu'ils ont été déplacés sans son consentement, et il conserve sur eux son privilége, pourvu qu'il ait fait la revendication, savoir : lorsqu'il s'agit du mobilier qui garnissait une ferme, dans le délai de quarante jours ; et dans celui de quinzaine, s'il s'agit des meubles garnissant une maison.

La différence quant au délai est facile à expliquer ; en effet, on sent que le locateur d'une maison pourra, la plupart du temps, être averti très-promptement du déplacement des meubles garnissant les lieux loués : sa propre surveillance, celle de ses préposés, le lui feront connaître. Lorsqu'il s'agit d'une ferme, il en est autrement; souvent isolée de toute habitation, presque toujours éloignée de la demeure du locateur, qui n'y entretient pas de surveillants, elle se trouve dans des conditions telles, que ce ne sera qu'après un temps assez long que parviendra au locateur la nouvelle de l'enlèvement des objets qui constituent son gage.

Nous avons dit que l'article 2102, p. 10, 4e alinéa, accorde au locateur le droit de revendiquer les meubles ; mais quel est le caractère de cette revendication? Il est bien évident que ce n'est pas une revendication véritable : le locateur n'invoque pas le droit de propriété, il n'invoque qu'un simple droit de rétention sur la chose dont il a été indûment dépouillé. C'est un moyen de ressaisir le gage qui s'échappe et de ramener la chose grevée aux conditions de possession nécessaires pour que le privilége puisse s'exercer sur elle.

Le propriétaire peut donc revendiquer les meubles qui ont été déplacés sans son consentement, et ceci s'applique à tout déplacement, même par suite de vente à un acquéreur de bonne foi : la loi ne distingue *nullement*. Qu'on n'oppose pas à cette décision la maxime : *en fait de meubles possession vaut titre*, car l'art. 2279, qui consacre cette règle, prend soin d'ajouter immédiatement qu'elle souffre exception au profit de celui qui a perdu ou auquel il a été volé une chose, lequel peut la revendiquer ; or, le déplacement des meubles est une sorte de vol du gage du locateur. Mais cela n'est vrai qu'autant

que le déplacement a lieu sans le consentement du locateur, et ce consentement existe implicitement pour certaines choses, comme les marchandises garnissant la
boutique louée, les récoltes engrangées dans les lieux
loués. Le propriétaire, en louant sa boutique ou ses
granges, a suffisamment consenti au déplacement de ces
choses, qui, par leur nature, étaient évidemment destinées à être vendues.

Si le possesseur actuel des meubles revendiqués les a
achetés dans une foire ou dans un marché, ou dans une
vente publique, ou d'un marchand vendant des choses
pareilles, nous ne saurions traiter le locateur avec plus
de faveur que le propriétaire à qui la chose aurait été
volée; le revendiquant ne pourra donc faire réintégrer
les meubles dans les lieux loués, qu'en remboursant au
possesseur le prix qu'ils lui ont coûté.

Quelque légitime que soit cette revendication du bailleur, on ne peut se dissimuler que si elle n'était ren-
fermée dans des limites de durée fort étroites, elle pourrait être une gêne considérable à la circulation des
meubles. Aussi la loi n'a-t-elle accordé au bailleur, pour
l'exercer, qu'un délai de quinzaine pour les meubles
des maisons, et de quarante jours pour les meubles des
fermes.

Ici se présente une question : le bailleur a-t-il droit
de s'opposer à tout déplacement de meubles, encore bien
que ceux qui restent dans la maison ou la ferme soient
plus que suffisants pour sa garantie? Il y a des personnes qui pensent que le locateur a le droit de maintenir
toujours dans sa maison un mobilier largement suffisant;

mais lorsqu'il est certain que toutes les créances éventuelles du locateur sont surabondamment garanties, il serait inique et vexatoire de frapper d'inaliénabilité tout meuble introduit dans la maison ou la ferme ; la revendication du locateur entendue autrement serait dénuée de droit autant que d'intérêt (1).

Le gagiste peut, pendant trois ans, revendiquer l'objet sur lequel porte son droit de gage, et dont il se trouve privé par suite de la perte ou du vol de l'objet.

Mais il faut dire que le gagiste devait jouir d'un délai beaucoup plus long que celui de quinze et quarante jours, accordé au locateur. Le dernier a une possession bien moins parfaite que celle du gagiste, son droit se bornant à empêcher les meubles apportés par le locataire de sortir des lieux loués, et l'absence de réclamation pendant un temps assez bref, après le déplacement, devant faire supposer qu'il a pensé que les meubles qui restent encore dans les lieux loués suffisent à l'exercice de son privilége. De plus, l'absence d'actes désignant les objets affectés à la garantie des loyers rend leur identité bien plus difficile à reconnaître que celle d'un objet donné en gage, et exige que l'action par laquelle on s'efforce de les récupérer soit intentée presque de suite.

Nous avons souvent parlé du délai accordé au locateur pour faire la revendication, il en faut maintenant assigner le point de départ. Ce sera le jour du déplacement et non celui où le locateur en a eu connaissance. Ce qui

____

(1) M. Duranton, n° 103, *In fine*. — Troplong, n° 164.

le démontre, c'est la différence du délai, selon qu'il s'agit d'une ferme ou d'une maison ; car elle serait dépourvue de raison d'être, si les délais ne devaient partir que de l'époque où le locateur a su que les meubles avaient été enlevés. Ce sera au bailleur, usant du droit que lui donne la loi, à faire la preuve, tant du déplacement des meubles que de la date du déplacement ; car la loi limite l'exercice de son droit de revendication, et il doit montrer qu'il est encore en temps utile pour s'en prévaloir.

CHAPITRE IV.

Privilége de l'aubergiste.

La profession de l'aubergiste est remplie de chances désavantageuses, de grands périls.

L'aubergiste est obligé de recevoir dans son hôtel toute personne dont il ignore la position, qui lui est complétement inconnue, et qui ne lui présente aucune garantie de solvabilité. De plus, la loi impose à l'hôtelier des devoirs pénibles ; dépositaire nécessaire des objets apportés chez lui, contraignable par corps à raison de l'exécution des obligations résultant du dépôt, qui peut, quelle que soit son importance, être prouvé par témoin, l'aubergiste répond encore du vol dont le voyageur est victime et des détériorations que subissent ses effets. En compensation de tant de désavantages, la loi a dû accorder certaines prérogatives ; l'avantage que la loi accorde à l'hôtelier consiste dans l'affectation des effets du voyageur au payement des dépenses qu'il a faites à l'auberge.

La Coutume de Paris, dans son article 175, accordait un privilége à l'aubergiste ; elle lui accordait un droit de rétention sur l'objet ou l'animal *hostelé*, et un droit de préférence sur le prix en cas de vente.

Le privilége de l'aubergiste repose sur la seule idée d'un gage tacitement constitué sur les choses apportées par le voyageur. De là il résulte, que si l'aubergiste ignore que les effets ne seraient pas la propriété du voyageur, qui les détient peut-être à titre de dépôt, d'emprunt ou de toute autre façon, il peut prétendre à l'exercice de son privilége. L'aubergiste, par sa détention de bonne foi, acquiert le privilége, comme l'acheteur de bonne foi, par la possession, parvient à la propriété. La loi n'exige pas que le voyageur soit propriétaire de l'objet qu'il apporte, il suffit que cet objet le suive dans l'auberge pour que l'aubergiste le considère comme son gage, comme la garantie du payement de ses fournitures; et ce droit, résultant des termes de l'article, se justifie très-bien, car l'aubergiste mérite autant de faveur que le locateur. C'était, au reste, ce que décidaient nos anciens auteurs : ils accordaient le privilége sur les effets appartenant à autrui, que le voyageur transportait dans l'auberge comme étant siens.

Nous déciderions autrement, malgré la bonne foi de l'aubergiste à l'égard des effets volés ou perdus. Dans ce cas, son privilége n'existerait que si trois ans s'étaient écoulés depuis la perte ou le vol, sans que le propriétaire des objets eût intenté la revendication.

Si l'aubergiste se dessaisit, il perd son privilége. Il en est de lui, sous ce rapport, comme d'un gagiste ordinaire, comme d'un locateur. Si donc une personne, après s'être fait faire par l'aubergiste des fournitures, quitte l'auberge en emportant ses effets sans avoir payé, puis revient plus tard et rapporte encore des objets mobiliers, l'aubergiste ne pourra, pour l'ancienne créance, exercer son privilége sur les objets récemment apportés, fussent-ils les mêmes que ceux que le voyageur avait avec lui la première fois ; car, en laissant enlever les effets, il est présumé avoir été payé, ou tout au moins avoir renoncé à son privilége. Ce ne sera que pour les fournitures faites en dernier lieu, que le privilége le protégera. Pothier admettait cette décision, qui n'est aujourd'hui contestée par personne.

L'aubergiste étant nanti des objets apportés par le voyageur, a le droit de revendiquer les objets enlevés de chez lui clandestinement et à son insu. En effet, cet enlèvement est un véritable vol du gage qui garantissait la créance ; or, la faveur que la loi accorde à l'aubergiste ne peut pas s'évanouir devant un délit. Une difficulté se présente ici sur le temps qu'on doit accorder à l'aubergiste pour exercer sa revendication ; la loi étant silencieuse sur ce point, nous pensons que l'aubergiste a un délai de trois ans, pendant lequel il peut revendiquer. Il eût été à désirer qu'une loi spéciale accordât à l'aubergiste un délai moins long et plus en harmonie avec celui du locateur. D'ailleurs, comme la possession de l'aubergiste porte sur un moins grand nombre d'objets que celui du locateur, on s'expliquerait que le délai de sa revendication soit plus étendu.

Sur quels effets porte ce privilége?

La loi dit que les *effets transportés par le voyageur dans l'auberge* sont grevés du privilége de l'aubergiste. Le mot *effets* comprend tous les objets qui suivent le voyageur dans l'auberge ; ce sont les biens *hostelés* de notre Coutume de Paris. Les animaux amenés dans l'auberge ne doivent pas être affectés, comme dans l'ancien droit, au privilége de l'aubergiste. Cela résulte de l'esprit de la loi plus que de ses termes, car il faut l'avouer, le mot *effets* s'applique fort mal à des animaux, et même à certains meubles qui accompagnent souvent le voyageur. Les expressions de la Coutume de Paris étaient, ce nous semble, préférables à celles du Code. Les habits du voyageur qui sont indispensables ne doivent pas être considérés comme faisant partie du gage de l'aubergiste : l'humanité suffirait pour faire admettre l'opinion que nous énonçons ici ; mais on peut trouver un argument dans l'art. 592 du Code de procédure, qui défend de saisir les habits dont les débiteurs sont vêtus et couverts.

Les fournitures de l'aubergiste, ou comme le disait la Coutume, *les dépenses d'hostelage*, sont garanties par le privilége dont nous nous occupons.

Le terme *fournitures* doit comprendre tout ce que les voyageurs trouvent habituellement dans une auberge ou hôtellerie : logement, nourriture. Quant aux avances, ou prêts faits par l'aubergiste aux voyageurs qu'il reçoit, ce ne sont pas des fournitures, et le privilége n'en garantira pas le payement.

CHAPITRE V.

PRIVILÉGE DU VOITURIER.

L'art. 2102, n° 6, s'exprime ainsi : « *Les frais de voiture et les dépenses accessoires sur la chose voiturée.* » Quel est le fondement du privilége qu'a le voiturier? Repose-t-il sur l'idée du gage, ou est-il indépendant de la possession de la chose par le voiturier? Telle est la question très-débattue qui divise les auteurs.

Certains auteurs trouvent le fondement du privilége du voiturier, non dans un gage tacitement consenti, mais dans la plus value qu'il apporte à la chose en la transportant! « La marchandise, disent-ils, portée au lieu où elle doit être consommée, acquiert une valeur plus considérable que celle qu'elle avait au lieu de la production. » A cette raison, ils ajoutent que le texte de l'art. 2102 n'exprime nullement que le voiturier doive être nanti de la chose sur laquelle privilége lui est donné, ce qui, suivant eux, démontre que les rédacteurs du Code ont entendu consacrer l'opinion de Pothier, leur guide, qui considérait le nantissement comme tout à fait étranger à ce privilége; enfin, ils s'appuient sur l'art. 307 du Code de commerce, qui donne au capitaine, pour le fret qui lui est dû, préférence sur les marchandises de son chargement, pendant quinzaine après leur délivrance, si elles n'ont passé en mains tierces.

Nous pensons que ces arguments ne sont pas décisifs. En effet, il n'est pas toujours vrai que le transport procure une plus value, et cependant le voiturier a privilége, par cela seul qu'il a fait le transport. Le Code accorde un privilége à celui qui a fait des dépenses pour la conservation des meubles, mais n'en accorde aucun à celui qui a fait des dépenses pour leur amélioration. Et, quand même une disposition pareille existerait, le privilége ne pourrait peser que sur la plus value que le transport a causée.

Nos adversaires argumentent des termes de l'art. 2102 qui ne dit pas qu'il faille que le voiturier soit en possession ; et ils se prévalent de ce silence, qui cependant ne prouve rien, car personne ne nie que l'aubergiste ne perde le privilége quand il a laissé sortir les effets du voyageur ; personne ne lui conteste sa qualité de nanti, et cependant l'art. 2102 est muet à cet égard.

Ils invoquent encore les dispositions de l'art. 307 du Code de commerce, mais ils ne peuvent tirer aucun parti de cet article, car c'est une disposition tout exceptionnelle : elle vient de ce que le capitaine ne peut retenir sur le navire les marchandises dont on lui doit le fret ; et l'on conçoit pourquoi le droit de rétention est refusé au capitaine, puisque, pour demander son payement, il faut qu'il montre la marchandise qu'il a apportée, et dès lors, qu'il la débarque, qu'il s'en dessaisisse. De plus, les marchandises retenues dans le vaisseau pourraient s'y avarier ou périr par accident de mer. On peut objecter, il est vrai, que le temps accordé au capitaine pour son droit de préférence, ne provient pas de ce qu'il est privé du droit de rétention, puisque l'art. 306 lui offre le remède à côté du mal, en lui permettant d'exiger que les marchandises soient déposées entre les mains d'un tiers. Nous répondons que ce dépôt étant très-coûteux, il fallait éviter qu'il fût souvent demandé, et qu'on est parvenu à ce résultat en édictant l'art. 307. Si l'on décide que le privilége du voiturier peut être exercé sans possession de sa part, il faudra fixer le délai pendant lequel il pourra s'en prévaloir : or, la loi étant sur ce point absolument silencieuse, on se trouverait forcé d'admettre que ce droit a une durée normale, c'est-à-dire une durée de trente ans. Un pareil résultat est sous tout rapport inadmissible. Il mettrait le voiturier dans une position meilleure que celle du capitaine, qui est cependant privé du droit de rétention. Cette durée du droit du voiturier serait contraire à l'équité, et l'on ne doit pas interpréter la loi dans un sens qui conduirait à pareil résultat.

Nous croyons que le privilége du voiturier a pour fondement un nantissement tacite.

Le voiturier est nanti, il peut retenir la marchandise jusqu'à ce qu'on lui ait payé le prix de son transport. S'il livre avant payement, c'est qu'il peut n'avoir pas besoin d'invoquer le privilége, il l'abandonne et consent à devenir un créancier ordinaire, concourant avec tous les autres. Le voiturier étant nanti, il est évident qu'il ne pourrait prétendre se faire payer les frais de transport s'appliquant à des marchandises dont il s'est dessaisi, sur les objets voiturés postérieurement par lui, et qu'il détiendrait.

Si la marchandise est enlevée au voiturier, il pourra pendant trois ans revendiquer son gage, à moins que de quelque circonstance, on ne puisse inférer qu'il a tacitement renoncé à ce droit de revendication.

CHAPITRE VI.

PRIVILÉGE SUR LES CAUTIONNEMENTS DES FONCTIONNAIRES PUBLICS.

L'art. 2102, n° 7, donne ce privilége pour la garantie des créances résultant d'abus et prévarications commis par les fonctionnaires publics dans l'exercice de leurs fonctions, sur les fonds de leur cautionnement. Il s'agit ici de ces fonctionnaires qui ont un monopole, et dont le ministère est imposé aux particuliers pour certaines affaires. Il était juste de donner des sûretés spéciales aux personnes forcées de les employer. Si ces fonctionnaires deviennent débiteurs de leurs clients, par suite d'abus ou autres prévarications qu'ils commettraient dans l'exercice de leur ministère, ces clients auront pour ces créances un privilége sur le cautionnement que l'État fait déposer par eux entre ses mains. C'est donc là un privilége reposant encore sur une idée de gage, dont le trésor public est détenteur au nom des particuliers. Ce gage consiste, en général, en numéraire et, non-seulement le capital versé, mais les intérêts dus par le trésor au fonctionnaire, sont affectés à garantir les créances résultant des abus et prévarications dont il se serait rendu coupable. Si l'on avait suivi les principes ordinaires, les fonds versés dans les caisses y seraient restés en dépôt, comme doit rester la chose sur laquelle un gage est constitué. Mais une immense quantité de capitaux aurait été, non sans grave dommage, retirée de la circulation, et serait restée tout à fait improductive. On a préféré décider que le trésor, présumé toujours solvable, emploierait les fonds des cautionnements, moyennant un intérêt payé au déposant.

Les conservateurs des hypothèques, les notaires, les greffiers, avoués et huissiers, les commissaires priseurs, les agents de change et les courtiers de commerce sont, dans l'intérêt des particuliers, obligés de déposer un cautionnement.

Quant aux créances que garantit ce privilége sur le cautionnement, les textes des lois qui ont précédé le Code Napoléon en indiquaient déjà la nature. Ainsi, le texte de la loi du 21 ventôse an VII exprimait formellement que le cautionnement du conservateur des hypothèques demeurait spécialement affecté à la responsabilité pour les erreurs et omissions dont la loi le rendait garant envers les citoyens. De même, l'art 33 de la loi du 25 ventose, an XI, déclarait le cautionnement des notaires affecté à la garantie des condamnations prononcées contre eux, par suite de l'exercice de leurs fonctions. Le Code donne privilége pour les créances résultant des prévarications et abus commis par le fonctionnaire, dans l'exercice de ses fonctions; et une loi du 25 nivôse, an XIII, postérieure au Code, assimilant les cautionnements des agents de change, courtiers de commerce, avoués, greffiers, huissiers et commissaires priseurs à ceux des notaires, les déclare affectés par premier privilége « à la garantie des condamnations qui pourraient être prononcées contre eux, par suite de l'exercice de leurs fonctions. » Tous les textes sont concordants et prouvent que le privilége n'est accordé qu'autant qu'il s'agit d'un fait rentrant dans l'exercice des fonctions, ou, comme on dit communément, *d'un fait de charge*; de telle sorte que, si le fonctionnaire a fait pour une personne quelque chose que tout autre eût pu faire de même, une opération ou une affaire pour laquelle son ministère n'était pas requis, il n'est que simple mandataire, et les créances résultant de fautes ou prévarications qu'il aurait commises en dehors de ses fonctions, ne sont pas garanties par notre privilége.

La loi du 25 nivose, an XIII, indique la manière dont les créanciers du fonctionnaire peuvent conserver leur privilége; ils devront (art. 2) faire opérer des oppositions sur le cautionnement de leur débiteur. Ces oppositions seront faites au Trésor même, ou au greffe du tribunal de première instance, si le fonctionnaire est un notaire, avoué, greffier, huissier ou commissaire-priseur, et au greffe du tribunal de commerce, si le fonctionnaire est un agent de change ou un courtier de commerce. L'original de l'opposition doit être laissé, soit au Trésor, soit au greffe, pendant vingt-quatre heures, afin qu'il soit visé.

La loi a pris des précautions pour que le fonctionnaire ne pût reprendre son cautionnement, avant qu'il fût certain que personne n'agirait à raison des faits de charge. Aussi, exige-t-elle que les fonctionnaires déclarent au greffe leur cessation de fonctions, que cette déclaration reste trois mois affichée dans le lieu des séances. Après quelque temps, s'il n'y a pas eu d'opposition, ou si celles qui ont été faites ont été levées, on suppose que tous savent que le fonctionnaire va reprendre son cautionnement et que personne n'a rien à réclamer. Alors on lui remet ses fonds sur la présentation et le dépôt d'un certificat constatant l'accomplissement exact des formalités de déclaration et de publication, l'absence de toute condamnation prononcée contre lui pour faits de charge, depuis ladite déclaration, et l'inexistence ou la mainlevée de toute opposition à la délivrance du certificat.

Les formalités que les agents de change et les courtiers de commerce ont à remplir pour arriver à récupérer leur cautionnement doivent avoir lieu devant les tribunaux de commerce ; et de plus, la cessation de leurs fonctions doit être affichée à la Bourse près de laquelle ils exercent. Ils doivent, outre le certificat du greffier du tribunal de commerce, constatant les mêmes faits que celui du tribunal civil, en rapporter un au syndic de la Bourse, énonçant la publication et l'affiche prescrite.

Un décret du 18 septembre 1806 règle les formes du remboursement des cautionnements des titulaires décédés ou interdits. Il exige que l'on rapporte, avec le certificat d'inscription ou les titres constatant le versement du cautionnement, le certificat de *quitus* et ceux de non opposition et d'affiche, dont nous avons parlé ci-dessus; et de plus un certificat ou acte de notoriété, contenant les noms, prénoms, domicile des héritiers et ayants droit, l'énonciation de leurs droits et la détermination, tant de leur portion dans le cautionnement à rembourser, que de l'époque de leur jouissance.

Nous allons parler maintenant des priviléges qui n'ont plus pour fondement un gage tacite, mais la conservation ou l'augmentation du gage commun. Ces priviléges s'expliquent assez facilement. Il est naturel que les créanciers qui ont fait entrer certains biens dans le patrimoine du débiteur et empêché d'autres biens de périr, conservent, en récompense de ces services, un privilége sur ces biens.

CHAPITRE VII.

PRIVILÉGE DU CONSERVATEUR DE MEUBLES.

Il suffit d'énoncer l'objet de ce privilége pour démontrer combien il est équitable. Celui qui a conservé une chose l'a véritablement mise dans le patrimoine du débiteur, puisqu'elle en eût disparu sans son concours. Il a donc fait l'affaire commune des autres créanciers, en sauvant leur gage commun : « *salvam fecit totius pignoris causam.* » Ceux-ci ne peuvent donc pas se plaindre s'il passe avant eux, puisque sans lui, ils n'auraient rien du tout. C'est à ce principe, comme nous l'avons déjà dit, que se rattache aussi le privilége des frais de justice.

De la cause même de ce privilége il résulte naturellement qu'il n'a pour objet que la chose conservée et non pas les autres biens du débiteur. Ce privilége ne reposant pas sur une idée de nantissement, le créancier le conserve, quand même il ne posséderait pas la chose, pourvu qu'elle soit restée en la possession du débiteur et qu'elle soit encore reconnaissable.

Ce privilége s'exerce sur l'objet conservé et sur la valeur tout entière, parce que le conservateur, ayant empéché la chose de périr, l'a mise une seconde fois dans le patrimoine du débiteur. Si le privilége n'était donné que sur la plus value, il y aurait des cas où, contrairement au texte de la loi, le conservateur serait tout à fait privé de privilége, la chose ayant très-bien pu être conservée sans augmenter de prix, ou même en perdant sa valeur. Ainsi, les marchandises atteintes par le feu, qu'un voisin a sauvées d'un incendie à ses propres frais, ont été détériorées et se vendent moins; et cependant refuser dans cette espéce le privilége pour frais de conservation, serait tout aussi contraire au texte de la loi qu'à la raison.

On s'est demandé si celui qui a amélioré la chose jouit du même privilége que celui qui l'a conservée?

Ce point a donné lieu à des controverses très-vives, que nous allons examiner. Disons d'abord que tout le monde est d'accord pour reconnaître au créancier qui a amélioré la chose un droit de rétention sur cette chose, s'il en est nanti; car c'est un principe de notre droit, que celui qui a fait des frais pour une chose peut la retenir tant qu'ils ne lui sont pas remboursés; mais du droit de rétention au privilége il y a loin. Ceux qui admettent que l'amélioration donne privilége à celui de qui elle provient, se fondent sur l'analogie : l'améliorateur, dit-on, a mis dans le patrimoine du débiteur commun une valeur nouvelle, comme celui qui a conservé la chose; il n'y a qu'une différence du plus au moins entre celui qui a conservé la chose et celui qui l'a améliorée. Qu'importe la cause de cette augmentation de valeur? Sans cette amélioration, les créanciers ne trouveraient pas cette valeur, cette plus value dans leur gage; n'est-il pas dès lors rationnel de l'employer à payer son auteur? Le Code Napoléon nous en fournit lui-même un exemple dans le numéro 4 de l'art. 2103, lorsqu'il accorde un privilége à l'architecte et aux ouvriers pour les améliorations qu'ils ont faites à un immeuble.

Ils insistent aussi sur le texte de l'alinéa 4ᵉ de l'article 2102 — 1°, et prétendent qu'il faut de cette disposition, donnant privilége aux ouvriers qui ont réparé les ustensiles aratoires, conclure qu'en principe général le privilége existe aussi bien pour l'amélioration des meubles que pour leur conservation; ce qui est encore confirmé, selon eux, par le n° 6 du même article, renfermant une disposition où l'on retrouve l'idée d'amélioration.

Malgré ces arguments, nous pensons que le privilége ne reçoit pas une telle étendue. L'argument que l'on tire de l'article 2103, n° 4, est sans valeur : d'abord, parce qu'il est fondé sur l'analogie, qu'on ne peut pas invoquer à propos de la matière tout exceptionnelle des priviléges. D'ailleurs, le Code dit formellement : « Les créances privilégiées sur certains meubles sont : 3° Les frais faits pour la *conservation* de la chose. »

Du reste, on peut trouver des raisons plausibles à la différence qui existe entre les frais d'amélioration et les frais de conservation. Outre que les premiers ne présentent pas un caractère de nécessité aussi grand que les seconds, qui ont empêché la chose de périr, nous ajouterons qu'il est plus facile de déterminer l'étendue des frais de conservation de l'augmentation introduite par le créancier dans le patrimoine du débiteur. En effet, quand il s'agit d'une chose conservée, la valeur qu'a reçue le patrimoine, c'est toute la chose conservée. Si, au contraire, il s'agissait d'une chose améliorée, il faudrait faire une estimation de plus value, et il pourrait en résulter des procès que la loi veut éviter.

Sans doute, la loi accorde en matière d'immeubles un privilége sur la plus value résultant des améliorations qui ont été faites; mais cet argument est tout en notre faveur : la nature des immeubles est toute différente de celle des meubles, et il est beaucoup plus facile d'apprécier la plus value d'un immeuble que celle d'un meuble. D'ailleurs, la loi n'accorde de privilége à l'améliorateur qu'autant qu'il a rempli certaines conditions; or, nous ne voyons nulle part l'indication de conditions analogues pour déterminer la plus value donnée au meuble.

En vain on invoque l'art. 2102-1°, al. 4ᵉ; car, loin d'être le résultat de l'application d'un principe général, la disposition de cet alinéa n'est autre chose qu'une exception motivée par la faveur que mérite l'agriculture. Il faut encore repousser l'argument qu'on prétend tirer du privilége accordé au voiturier sur la chose voiturée, car cet argument n'aurait de valeur que si l'on faisait découler le privilége du voiturier de l'amélioration donnée à la chose voiturée; or, nous avons démontré que, loin de dériver de cette cause, il en a une toute différente.

Nous avons dit que le privilége porte sur la chose conservée; si la chose est sortie du patrimoine du débiteur, le privilége ne peut être exercé sur elle, vu l'absence du droit de suite; mais doit-on admettre une subrogation réelle, ayant pour résultat de permettre l'exercice du privilége sur le prix qui serait encore dû de cette chose ou sur l'objet donné en échange? Cela nous paraît impossible dans le silence de la loi. La chose conservée est seule grevée du privilége, et le prix sur lequel le droit de préférence est exercé doit être déterminé de telle façon que les créanciers ne puissent en souffrir.

Mais qu'est-ce qu'il faut décider quand la chose a changé d'état? La loi est silencieuse sur ce point. Le privilége existe toutes les fois que la chose est reconnaissable. On ne peut tirer un argument contraire du quatrième alinéa, 2° de notre article, qui exige pour la revendication, que les choses soient dans le même état; car la revendication est distincte du privilége.

CHAPITRE VIII.

PRIVILÉGE DU VENDEUR D'EFFETS MOBILIERS.

L'art. 2102-4° confère au vendeur d'effets mobiliers non payés deux droits dont nous aurons à parler successivement. Ces droits sont : le privilége et la revendication.

§ 1er. Du privilége. — Un privilége est accordé au vendeur, à raison du service par lui rendu à la masse des créanciers, dont il a augmenté le gage; ce privilége tire son origine du droit coutumier. Le droit romain ne donnait au vendeur aucun privilége; si le vendeur avait livré sa chose sans exiger le prix en suivant la foi de l'acheteur, il n'avait plus qu'une action personnelle pour se faire payer le prix; si la vente avait été faite sans terme et que le prix n'eût pas été payé ; que cependant la chose eût été livrée, le vendeur conservait néanmoins la propriété et pouvait la revendiquer.

Nous avons dit que ce privilége a pour origine le droit français. Voici comment la coutume de Paris s'exprimait à cet égard.

Art. 176. « Qui vend aucune chose mobilière sans jour et sans terme, espérant d'être payé promptement, il peut sa chose poursuivre en quelque lieu qu'elle soit transportée, pour estre payé du prix qu'il l'a vendue. »

Art. 177. « Et néanmoins, encore qu'il eust donné terme, si la chose se trouve saisie sur le débiteur par autre créancier, il peut empêcher la vente ; il est préféré sur la chose aux autres créanciers. »

Ainsi, le vendeur avait un privilége lorsqu'il y avait eu translation de la propriété, et un droit de revendication quand cette translation n'avait pas eu lieu. Quant à la question de savoir dans quels cas il y avait eu translation de propriété, on suivait la règle du droit romain ; si la vente avait eu lieu sans terme, le vendeur était resté propriétaire tant qu'il n'avait pas été payé, et dès lors il pouvait revendiquer ; que si, au contraire, la vente avait eu lieu avec terme, la tradition avait transféré la propriété, et le vendeur n'avait qu'un droit de préférence sans droit de suite sur la chose.

La vente, dans la législation française actuelle, transférant toujours la propriété, qu'il y ait ou non tradition, payement ou non du prix, qu'elle ait été faite avec ou sans terme, le Code Napoléon a accordé un privilége au vendeur d'effets mobiliers dans tous les cas.

L'objet du privilége est la chose vendue. La loi permet au vendeur d'exercer son privilége sur cette chose, à la condition qu'elle sera restée en la possession du débiteur. En effet, si elle n'y est plus, le tiers acquéreur invoquera la maxime : *En fait de meubles possession vaut titre,* qui le protégera contre le privilége du vendeur, comme elle le protége contre la revendication du propriétaire, dans le cas où il a acheté *a non domino* une chose mobilière.

Au contraire, le privilége du vendeur pourra être invoqué contre le possesseur actuel, dans le cas où ce tiers acquéreur aurait reçu cette chose de mauvaise foi, ou même dans le cas où l'ayant reçue de bonne foi, cette chose aurait été volée à l'acheteur primitif ou perdue par lui.

Si l'acheteur a revendu le meuble qu'il n'a pas payé, mais n'en a pas encore fait tradition, le privilége du vendeur subsiste, car la chose est encore en la possession du premier acheteur comme le veut la loi, et, par conséquent, le nouvel acquéreur n'est pas protégé, dans ce cas, par la règle de l'art. 2279. La possession réelle du meuble peut seule faire disparaître les droits antérieurement acquis à des tiers sur ce meuble.

Si l'acheteur a revendu et livré l'objet, le privilége ne pourra pas s'exercer sur le prix qui serait encore dû; car ce que la loi frappe du privilége, c'est le meuble vendu et non pas la créance qui est née de sa revente; or, ce meuble n'est plus en la possession du débiteur, comme le veut l'art. 2012. Sans doute c'est sur le prix du meuble que devait s'exercer, en définitive, le privilége ; mais ici la revente a eu lieu à l'amiable et ne garantit pas suffisamment les intérêts de la masse des créanciers.

Nous pensons que le privilége du vendeur subsiste dans le cas où l'acheteur de l'objet mobilier l'a remis en gage à un tiers.

Il est vrai que la possession de la chose est transférée au gagiste, mais il ne possède pas à titre de propriétaire. L'acheteur, quoique sa chose ne soit plus entre ses mains, possède à titre de propriétaire, et cela parce que le créancier gagiste, à l'égard de la propriété, n'est rien autre chose qu'un détenteur précaire des objets sur lesquels porte le privilége. Or, peut-on dire que l'acheteur se soit dessaisi de la possession?

Il est vrai que le gagiste, soucieux de ses intérêts, fera valoir près du vendeur la bonne foi où il était quand il a reçu le gage, et réclamera son privilége, et que, d'après nous, ainsi que nous allons le démontrer plus loin, sa qualité de nanti le fera colloquer avant le vendeur ; mais à l'égard des autres créanciers, soit chirographaires, soit protégés par des priviléges, le vendeur reprendra la place que le créancier gagiste de l'acheteur l'avait obligé d'abandonner, et exercera son privilége (1).

Qu'est-ce qu'il faut décider sur le privilége dans le cas où les objets qui se trouvent entre les mains de l'acheteur ont subi des modifications telles que leur nature ait été altérée?

---

(1) MM. Aubry et Rau sur Zachariæ ; M. Valette.

La loi n'a, sous le rapport de l'état des objets, rien dit qui soit relatif au privilége ; la revendication seule est soumise à la condition que la chose soit dans le même état. Le législateur était moins favorable à la revendication qu'au privilége, puisque nul délai ne vient restreindre le privilége, tandis que la revendication doit être intentée dans la huitaine ; puisque le privilége s'exerce, que la vente ait eu lieu avec ou sans terme, tandis que l'on ne peut revendiquer que si la vente a été faite sans terme. Mais pour que le privilége du vendeur existe, il faut que la chose n'ait pas été modifiée à un tel point qu'on puisse dire qu'elle est éteinte.

Que dirons-nous de l'immobilisation de la chose vendue ? Met-elle fin au privilége ? Tout le monde est d'accord que le privilége est éteint lorsque les meubles sont devenus immeubles par leur nature, comme dans le cas où des matériaux qui ont été vendus, on a fait une maison. Le privilége est éteint, car les choses vendues n'existent plus ; mais la question est controversée lorsque les choses vendues n'ont été immobilisées que par destination, comme une machine à vapeur placée dans une usine.

Nous pensons que dans ce cas le privilége subsiste ; et d'abord on ne peut nier qu'à l'époque de la vente la chose vendue ne fût meuble, et que le vendeur n'ait été vendeur d'effets mobiliers. La loi subordonne l'exercice du privilége du vendeur à la possession de la part du débiteur ; or, la qualité d'immeuble que la chose a reçue par la destination ou l'incorporation, n'a nullement altéré cette possession. Exclure l'exercice du privilége quand l'immobilisation a eu lieu, c'est faire la loi ;

c'est y insérer une condition nouvelle dont elle n'a pas parlé et qu'on prétendrait en vain avoir été dans l'esprit du législateur. Le vendeur ne peut souffrir de l'acte par lequel son acheteur a immobilisé la chose qui, pour lui vendeur, est restée ce qu'elle était lors de la vente, c'est-à-dire meuble.

On s'est demandé si le privilége du vendeur passe de la chose sur le prix qui pourrait en être dû. Exemple : je suppose que l'acheteur a vendu la chose dont il doit le prix à un tiers, le premier vendeur pourra-t-il exercer son privilége sur le prix de la revente ?

Nous sommes pour la négative. En effet, le privilége ne porte que sur l'objet vendu, la loi l'indique d'une manière claire : elle ne permet d'exercer le privilége que si l'acheteur est encore en possession de l'objet ; les créances acquises à l'occasion de l'objet ne sont donc pas affectées de ce droit. Il est vrai que tout l'avantage que procure le privilége est le payement par préférence sur le prix de la chose, et que de là on pourrait être tenté de conclure que la créance acquise en remplacement doit être affectée au privilége ; mais l'argument ne serait que spécieux et facile à détruire. Il suffirait, pour cela, d'examiner quel est le prix sur lequel les créanciers sont colloqués lors de la distribution. C'est une somme d'argent qui ne résulte pas d'une détermination arbitraire et amiable, qui ne présente aux créanciers du débiteur aucune sérieuse garantie, mais qui se trouve, au contraire, fixée d'une manière exacte, soit (et c'est ce qui a presque toujours lieu) par une vente aux enchères judiciairement opérée à la requête des créanciers, soit pour certains meubles d'une nature exceptionnelle, par des modes qui ont, comme la vente aux enchères, l'avantage de ne pas compromettre les intérêts des créanciers.

Il est vrai qu'en matière d'hypothèque les créanciers hypothécaires peuvent se faire payer sur le prix provenant de la vente à *l'amiable* du bien hypothéqué, et par conséquent dans ce cas les créanciers chirographaires subissent un préjudice ; mais cela tient au droit de suite que donne l'hypothèque.

On s'est demandé si le privilége devait être accordé au vendeur d'objets incorporels mobiliers, comme, par exemple, à un vendeur d'une action dans une société commerciale, d'une créance, d'un fonds de commerce, avec le matériel d'exploitation et les recouvrements qui restent à faire.

Il y a des auteurs qui soutiennent la négative ; ils allèguent que les mots *effets mobiliers* présentent à l'esprit l'idée d'un meuble corporel, d'un meuble par sa nature ; que l'on ne peut dire qu'une rente, qu'une créance soient des effets mobiliers, sans fausser le sens grammatical de cette expression. La preuve, disent-ils, que les rédacteurs du Code ont eu en vue des meubles corporels, c'est qu'ils emploient toujours les mots *possession, revendication;* ils ajoutent qu'en matière de privilége, tout étant de droit étroit, on ne saurait étendre les termes de l'article en les appliquant aux meubles incorporels.

D'autres, en plus grand nombre, et je partage leur opinion, sont pour l'affirmative. On ne voit pas quel serait le motif qui aurait poussé le législateur à favoriser

le vendeur de meubles corporels plus que le vendeur
d'objets incorporels ; l'un et l'autre méritent le même
intérêt, puisque tous deux ont mis dans la masse une
certaine valeur et ont ainsi fait l'affaire de tous les créanciers. L'argument que nos adversaires tirent des termes
de la loi est bien faible ; il est détruit par le Code lui-
même, qui, dans son article 535, comprend, sous l'expression d'*effet mobilier*, tout ce qui est censé meuble,
c'est-à-dire tout ce qui est meuble par nature ou par
destination ; en un mot, tout ce qui n'est pas immeuble. L'on peut remarquer encore que les droits pouvant
être possédés comme toute autre chose, sont, dès lors,
susceptibles d'être revendiqués,

On peut tirer un argument en notre faveur des articles 1184 et 1654 du Code Napoléon ; leur généralité ne
permet pas de douter qu'ils ne s'appliquent au cas de
vente d'un objet incorporel, et il serait bien surprenant
que la résolution pouvant avoir lieu en faveur du vendeur, on lui refusât l'exercice du privilége. Une question grave, qui divise les auteurs, se présente à nous
maintenant. Il s'agit de savoir, dans le cas où un office
passe d'une personne à une autre, si le titulaire sortant
a un privilége sur la somme qu'il a stipulée du titulaire
qui le remplace. Nous sommes pour la négative.

Un objet ne peut être vendu qu'autant que c'est un
bien ; les biens sont meubles ou immeubles. L'office
peut-il être rangé dans la classe des meubles ? Non. Car
l'office ne constitue ni une rente, ni une action, ni une
créance ; car, pour qu'une créance existe, il faut un débiteur, et on n'en trouve pas dans notre hypothèse. L'office ne renferme pas non plus un droit réel de propriété,

d'usufruit, ou d'usage établi sur un meuble corporel ; car pour qu'un droit réel mobilier existe, il faudrait un autre meuble qui lui serve d'objet, et on ne voit pas quelle est la chose corporelle ou incorporelle sur laquelle l'office peut être établi à l'état de droit réel. On dit que le traité qui intervient entre les deux officiers est une vente, parce qu'il contient les trois éléments qui entrent dans la formation d'un contrat de vente. On y trouve *res, presium, et consensu*. Mais il y a des contrats où les trois éléments se rencontrent sans pour cela qu'ils soient des contrats de vente, comme dans le louage.

La question que nous allons examiner maintenant n'a pas lieu pour les personnes qui considèrent l'office comme ne renfermant pas un bien. Il s'agit de savoir, dans le cas où le titulaire étant destitué, et où l'autorité, en lui nommant un successeur, imposerait à ce dernier l'obligation de verser une somme destinée aux créanciers de l'officier destitué, si le vendeur a un privilége sur cette somme. Nous sommes pour la négative ; la Cour de cassation et un grand nombre d'auteurs refusent dans ce cas la préférence. En effet, dit-on, la destitution qui frappe un officier ministériel le dépouille de son office et lui enlève le droit de présenter son successeur ; la somme dont le gouvernement impose le versement au nouveau titulaire n'est donc pas un prix ; d'abord, parce que l'officier destitué a perdu son droit de présentation, seul objet dont il pût trafiquer ; ensuite, parce que le gouvernement ayant recouvré, par la destitution, la libre disposition de l'office, était parfaitement maître, soit de ne pas remplacer le destitué, soit de confier gratuitement la fonction au nouveau titulaire ; c'est donc par un sentiment d'équité et de bienveillance pour les créanciers qu'il exige le payement d'une somme.

En résumé, pas de possession, pas de prix ; donc absence des deux conditions indispensables à l'existence du privilége du vendeur.

On dit, il est vrai, qu'il faut distinguer que la charge rentre bien entre les mains de l'administration, mais qu'elle ne peut disposer librement de la clientèle, sur l aquelle l'officier destitué conserve des droits. Cette distinction n'est nullement justifiée, et si on l'admettait, si l'on séparait l'office de la clientèle, il faudrait déterminer quelle portion de l'indemnité est afférente à la clientèle, quelle autre est afférente à l'office lui-même, et faire une ventilation impossible.

L'argument consistant à dire que l'indemnité est un prix véritable, puisqu'elle est frappée des droits d'enregistrement, qu'on applique au cas de transmission d'office (1), n'est pas plus probant ; il est sans valeur aucune, car il ne fait autre chose que conclure de l'égalité des droits à l'identité des actes qui en sont grevés, ce qui n'est pas raisonnable.

§ 2. — *Revendication du vendeur*.

Nous avons parlé plus haut des effets que produisait en droit romain la tradition opérée par le vendeur non payé ; nous avons dit que la propriété n'était transférée que si le vendeur avait reçu des sûretés suffisantes,

---

(1) Loi du 25 juin 1841, art. 12.

ou suivi la foi de son acheteur. Ce principe, exprimé dans le §41, Des Institut., *De divisione rerum*, est reproduit dans la loi 19, D., *De contrahenda emptione*, et ne fait que traduire l'intention probable des parties. Le vendeur, en effet, ne pouvait abandonner la propriété de l'objet sans avoir le prix en échange duquel seulement il consent à abandonner la chose. Par la tradition, l'acheteur n'avait donc qu'une simple détention précaire, et le vendeur pouvait, en exerçant la revendication, re-recouvrer l'objet vendu.

Les textes des Coutumes de Paris et d'Orléans conféraient le droit de revendiquer à celui qui, ayant vendu sans jour et sans terme, était demeuré propriétaire ; mais la vente n'était pas pour cela résolue. Cette revendication ne donnait, ainsi que le dit Dumoulin, que le droit de reprendre la chose en attendant que le prix fût payé ; ainsi, les effets de la vente n'étaient que suspendus ; ce droit de recouvrer la propriété était très-large, le vendeur avait la faculté de suivre sa chose, en quelque lieu qu'elle fût transportée, même entre les mains des tiers détenteurs. Il n'y avait pas de délai déterminé pour l'action du vendeur, bien que, cependant, on s'accordât à admettre que la revendication doit être faite dans un bref délai, surtout quand on l'exerçait contre un tiers détenteur de bonne foi. Lorsque la chose avait été modifiée de manière à faire disparaître sa forme première, la revendication était refusée au vendeur. Ainsi Pothier rapporte qu'on ne pouvait revendiquer des ouvrages confectionnés avec la laine vendue.

Pour que le vendeur puisse revendiquer, quatre conditions sont exigées par le Code ; il faut : 1° que la vente ait été faite sans terme ; 2° que l'acheteur soit encore en possession de la chose ; 3° que l'on revendique l'objet dans la huitaine de la livraison ; 4° que la chose soit, lors de la revendication, dans le même état qu'à l'époque où elle a été livrée. Une restriction a été apportée au droit accordé anciennement au vendeur, puisqu'il ne peut plus agir contre le tiers détenteur de bonne foi ; le Code a encore modifié le droit coutumier, en fixant un délai fort court pour l'exercice de la revendication. Autrefois, le fondement du droit de revendication se trouvait dans la propriété que le vendeur avait conservée ; mais il n'en est plus ainsi sous le Code Napoléon, qui a créé des principes tout à fait nouveaux, en attachant au consentement réciproque du vendeur et de l'acheteur, l'effet de transférer la propriété, sans qu'il soit besoin ni du payement du prix, ni de la tradition. De là des difficultés pour parvenir à expliquer ce droit d'une manière satisfaisante, surtout en présence de la résolution de la vente accordée par l'art. 1674 au vendeur non payé.

Trois systèmes sont en présence sur cette question.

Premier système. — L'action en revendication que la loi accorde au vendeur n'est rien autre chose qu'une action en résolution à l'encontre des créanciers de l'acheteur.

Dans l'ancien droit français, lorsque la vente était faite sans terme, la propriété n'était transférée que par la tradition suivie du payement du prix. Si la tradition avait eu lieu sans qu'elle fût suivie immédiatement du payement, alors le vendeur pouvait revendiquer la chose, puisqu'il était toujours resté propriétaire ; mais maintenant les choses ne se passent plus de même. La propriété étant transférée par le seul consentement des parties, le vendeur peut ne plus revendiquer la chose, puisqu'il n'en est plus propriétaire, et le droit que la loi lui apporte ne peut plus être autre qu'un droit de résolution.

Si l'on examine les art. 1654, 1184, on y trouve le droit de résolution posé d'une manière large sans restriction aucune, tandis l'art. 2402, n° 4 n'autorise à revendiquer que dans la huitaine de la tradition, et si la vente a été faite sans terme. On tranche cette difficulté en disant qu'en matière de vente de meubles, ce n'est qu'à l'égard de l'acheteur seulement qu'il est permis d'invoquer les art. 1654 et 1184, mais que l'art. 2102, n° 4, alinéa 2, est fait pour le cas où le vendeur invoque son droit de résolution contre la masse des créanciers de son acheteur.

Pour légitimer cette distinction entre la résolution à l'égard de l'acheteur (réglée par les art. 1654, 1184) et cette autre résolution à l'égard des créanciers, que l'on croit trouver dans l'art. 2102, n° 4, alinéa 2, on fait remarquer que la première, ne pouvant être opposée qu'à l'acheteur, ayant un caractère purement personnel, peut, sans danger, être aisément accordée au vendeur, mais qu'il faut soumettre à des conditions rigides l'exercice de la seconde, opposable aux créanciers, afin d'éviter de nuire à ces derniers, qui ont regardé la chose possédée par l'acheteur, leur débiteur, comme faisant partie de leurs gages.

Des objections assez puissantes ont été faites contre ce système. Et d'abord pourquoi distinguer entre la résolution opposable aux créanciers, et celle dont on ne peut se prévaloir contre l'acheteur ? N'aperçoit-on pas que cette dernière serait inutile? Car un vendeur n'intente, en général, l'action en résolution que dans le cas où l'acheteur est insolvable, et, ce cas échéant, il se trouve en présence des créanciers de l'acheteur.

Les conditions rigoureuses que l'art. 2102 impose à l'exercice du droit donné au vendeur sont expliquées, ainsi qu'on vient de le voir, par l'intérêt des autres créanciers de l'acheteur qui ont compté sur la chose qu'ils voyaient dans le patrimoine de leur débiteur. Mais cette raison est-elle bien fondée? Nous ne le pensous pas. Il nous semble, en effet, que si le législateur avait l'intention qu'on lui suppose, il n'aurait pas manqué de restreindre, en même temps que le droit de revendication, l'exercice du privilége; car les créanciers souffrent du privilége comme de la revendication. Cependant, il n'en est pas ainsi; le privilége subsiste, que la vente ait été faite avec ou sans terme, et il peut être exercé tant que l'acheteur possède la chose.

Second système. — Ce système considère la vente comme nulle et non avenue. Les personnes qui penchent vers ce système sontiennent que l'art. 2102, n° 4, autorisant le vendeur à saisir-revendiquer, a pour effet de faire admettre de plein droit qu'il n'y a jamais eu de vente complète, valable ; que l'aliénation n'a pas été consommée. Ce n'est pas une résolution de la vente, car la résolution doit être demandée en justice, et ici il ne s'agit que d'opérer une certaine saisie pour que tout disparaisse. Ici le juge ne pourra accorder nul délai; dans l'action en résolution, il peut en donner un au débiteur pour s'acquitter du prix. Enfin, cette revendication est réelle ; l'action en résolution est, au contraire, personnelle. La revendication étant plus grave que l'action en résolution, on conçoit qu'elle soit accordée par la loi bien moins facilement que l'exercice de cette dernière.

Nous ne pouvons admettre l'opinion que nous venons de résumer ; car ce serait un bien singulier résultat que l'annulation d'une vente de plein droit sans délais, à la volonté du vendeur, qu'on n'a pas payé de suite. Cela paraît complétement inacceptable, en présence des articles 1654, 1184, 1583, 1138.

Nous ne croyons pas que l'art. 2102 fasse exception à l'art. 1583, parce qu'il est infiniment peu probable que, bientôt après avoir posé ce grand principe de la translation de la propriété par le consentement, les rédacteurs de la loi aient voulu y introduire une très-grande exception, comprenant toutes les ventes des meubles faites sans terme ; que, s'ils avaient en vue d'établir cette exception, ils ne l'auraient pas cachée dans un article du titre des *Priviléges*. Du reste, il serait très-bizarre que toutes les obligations résultant du contrat de vente disparussent comme par enchantement, par cela seul que le vendeur aurait livré et n'aurait pas été payé.

Troisième système. — La revendication dont jouit le vendeur n'est ni une action en revendication, ni une action en résolution ; c'est une action spéciale, qui a pour but de faire réintégrer le vendeur dans la possession du meuble livré, sans anéantir le contrat de vente.

Pour bien comprendre ce système, il faut se rappeler que toute vente, de quelque façon qu'elle ait été faite, donne au vendeur non payé le droit de faire prononcer la résolution et celui d'exercer son privilége ; mais que, de plus, quand la vente est faite sans terme, le vendeur a le droit de rétention, en vertu duquel il garde la chose qu'il a vendue, jusqu'à ce que l'acheteur, devenu propriétaire, ait payé le prix.

Ce droit de rétention s'explique très-bien. En effet, indépendamment de la transaction de propriété, résultant de la vente, il naît de ce contrat synallagmatique parfait des obligations dont chacune des parties est tenue. Ces obligations sont cause l'une de l'autre, elles sont corrélatives; par conséquent, l'une des parties né peut exiger que l'autre exécute avant d'avoir elle-même rempli son obligation. L'acheteur qui n'a pas obtenu terme pour payer ne pourra, avant d'avoir exécuté son obligation, avant d'avoir soldé le prix, contraindre le vendeur à faire délivrance. De là le droit de rétention.

L'art. 2102 suppose que, la vente ayant été faite sans terme, le vendeur a fait délivrance de la chose en abandonnant aussi, dans la persuasion d'un payement immédiat, l'utile garantie que lui offrait son droit de rétention. Le payement n'ayant pas eu lieu, la loi donne au vendeur le droit de revendiquer l'objet, lui permettant ainsi de reprendre la position avantageuse qu'il a perdue et de recouvrer ce droit précieux de rétention.

Nous voyons, par ce qui vient de précéder, que la revendication exceptionnelle de l'art. 2102 est essentiellement différente de la résolution de la vente; car, tandis que la résolution anéantit la vente, qu'elle replace les parties dans la position où elles se trouvaient avant le contrat, la revendication laisse subsister la vente et rend seulement la détention de la chose au vendeur.

Quant à l'acheteur, malgré la revendication, il demeure propriétaire, et retirera sa chose des mains du vendeur en acquittant le prix qu'il lui doit, à moins toutefois que le vendeur ne préfère user du bénéfice de l'article 1657 du Code Napoléon, qui permet de résilier la vente de denrées ou d'effets mobiliers quand, à l'époque convenue, l'acheteur n'a pas retiré la chose; or, ici, la chose doit être retirée immédiatement, la vente étant faite sans terme.

Les motifs des diverses conditions imposées par la loi pour l'exercice de la revendication sont faciles à expliquer dans ce système. La nécessité que la vente ait été faite sans terme vient de ce que l'art. 1612 ne donnant au vendeur le droit de retenir l'objet vendu que dans le cas où un délai n'a pas été donné à l'acheteur pour payer, il est impossible d'admettre le vendeur à se faire rendre un droit qui ne lui a jamais appartenu.

La revendication doit se faire dans la huitaine de la livraison; car, si le vendeur tardait plus à réclamer la chose, il serait censé avoir renoncé à son droit de rétention, et avoir accordé un terme à son acheteur. La chose doit se trouver dans le même état; car, si la chose a été modifiée, il n'est plus possible que le vendeur recouvre exactement sa possession primitive, l'objet sur lequel elle portait ayant subi certaines altérations. En outre, la reprise de possession de la chose modifiée entraînerait souvent des discussions, tant sur l'indentité que sur les indemnités à fournir à l'acheteur pour les dépenses par lui faites sur la chose, et la loi a voulu éviter de semblables difficultés.

La condition qui exige que la chose soit restée en la possession de l'acheteur, s'explique dans ce système comme dans les autres par la maxime : *En fait de meubles possession vaut titre.*

L'action en résolution qui ferait tomber la vente serait bien plus fâcheuse pour l'acheteur ; aussi, la loi vient-elle à son secours en permettant aux tribunaux de lui donner du temps pour payer le prix.

On pourrait soutenir que le mot *revendication* est peu propre à exprimer le droit de *rétention,* et que ce mot, dans l'esprit des rédacteurs du Code, a eu un autre sens. Cette objection disparaît devant la simple lecture de l'alinéa dernier du n° 1 de l'art. 2102, où le législateur a employé le mot *revendication,* en parlant du locateur. pour indiquer le droit qui lui est donné, de faire rentrer chez lui les meubles sur lesquels il a, non pas un droit de propriété, mais à peine celui d'un créancier gagiste sur les objets à lui donnés en nantissement.

Le droit ancien et Dumoulin donnent une grande force au système que nous adoptons. Comme nous l'avons déjà dit, dans l'ancien droit le vendeur poursuivait sa chose pour en demeurer saisi jusqu'à ce qu'il fût payé. Il n'y avait pas de resolution de la vente. Les rédacteurs du Code ont très-probablement voulu conserver ce principe ancien, en le mettant toutefois d'accord avec l'article 2275, en interdissant l'exercice de cette revendication à l'égard des tiers.

Pour qu'il y ait lieu à revendication, il faut que le vendeur n'ait pas été payé ; mais quand faudra-t-il dire que le vendeur n'est pas payé ? Cette question est controversée.

M. Grenier s'appuye sur le § 41 des Institutes de Justien *De divis. rerum,* et prétend que le vendeur qui a accepté des billets de son acheteur a suivi sa foi quant au payement, et doit être considéré comme dépourvu de son privilége et du droit de revendiquer. Et d'abord le § 41 *De divisione rerum* n'a absolument rien à faire ici ; toute la question se réduit à savoir si le vendeur, en acceptant les billets de l'acheteur, a été payé ; s'il y a eu novation. L'opinion la plus répandue est que le payement en billets est censé fait sous conditions d'encaissement, et n'a de valeur que si le montant en est touché par le vendeur. La novation ne se présume pas ; pour que la novation existe, il faut que l'intention des parties soit manifestée ; or, il est évident que le vendeur, en recevant ces billets, ne se regarde pas comme payé, tant que les billets ne sont pas soldés.

Même en admettant qu'il n'y a pas eu payement tant que l'encaissement n'a pas eu lieu, toutefois, l'acceptation de billets par le vendeur constitue de sa part la dation d'un terme à l'acheteur. Ce terme s'étend jusqu'à l'époque de l'échéance, et dès lors il ne peut plus avoir de revendication.

Tout ce que nous venons de dire du privilége et de la revendication du vendeur, est inapplicable au cas de faillite (art. 2102-4°, 4° alinéa, Code Napoléon, et 550, Code de commerce. La revendication en matière commerciale est soumise à des règles différentes : elle peut être, selon les cas, plus étendue ou plus restreinte que la revendication du droit civil ; plus étendue, car tant que les marchandises vendues ne sont pas entrées dans les magasins du failli, ou du commissionnaire chargé de les vendre pour lui, la revendication peut avoir lieu : elle peut avoir lieu qu'il y ait terme ou non. La loi commerciale ne reproduit pas la distinction du Code Nopoléon ; car la faillite a fait déchoir le débiteur du bénéfice du terme : plus restreinte, au contraire, car aussitôt qu'elles sont entrées dans les magasins, ou que, sans y être jamais entrées, elles ont été régulièrement revendues sur facture ou lettre de voiture signée de l'expéditeur, fût-ce moins de huit jours après que le vendeur s'en est dessaisi, la revendication est éteinte (art. 576, Code de commerce). La revendication commerciale n'est pas une simple reprise de la possession ; c'est une reprise de la propriété, une véritable résolution de la vente. Toutefois, les syndics peuvent toujours l'arrêter avec l'autorisation du juge-commissaire, en désintéressant le vendeur, c'est-à-dire en lui payant son prix (art. 578, Code de commerce). Ils pourraient même exiger, moyennant le prix convenu entre le vendeur et le failli, que la remise leur fût faite des marchandises achetées par celui-ci, et non encore livrées.

CHAPITRE V.

PRIVILÉGE DU LOCATAIRE SUR LES FRUITS.

Paragraphe préliminaire.

A Rome, le propriétaire d'un immeuble qui l'avait loué à ferme avait une hypothèque pour se faire payer les fermages sur les fruits produits par l'immeuble, mais il n'en avait aucun sur les instruments qui servaient à l'exploitation de la ferme. Cette hypothèque tacite sur les fruits est la source des dispositions coutumières qui reconnurent au locateur un droit de gage sur les récoltes faites par son fermier. On ne distinguait pas, dans le droit coutumier non plus que dans le droit romain, entre les diverses récoltes ; le locateur pouvait indifféremment agir sur les fruits de l'année ou sur ceux des années antécédentes ; mais, sous le Code, il en est autrement, et le privilége du bailleur est restreint à la récolte de l'année.

Ce privilége est fondé sur l'idée que le locateur a mis ces fruits dans le patrimoine du fermier. La loi le considère comme ayant retenu un droit réel de préférence sur la récolte qu'il a ainsi aliénée, ce que Domat exprime en nous disant : « Les fruits ne sont pas tant le gage « qu'ils ne sont la chose propre du bailleur jusqu'à son « payement. »

L'art. 2102 ne parle que des fruits de la récolte de l'année : faut-il en conclure que le bailleur n'a pas de privilége sur les fruits des récoltes des années précédentes qui existent encore dans la ferme ? Nous ne le pensons pas. Si la loi n'a parlé que des fruits de l'année, c'est que, d'une part, le privilége dont il est ici question n'est pas fondé sur une idée de nantissement, mais sur l'idée que le bailleur a mis ces fruits, cette valeur, dans le patrimoine du fermier, ainsi que nous venons de le dire, et que, d'autre part, le législateur n'a pensé qu'au cas qui se présente le plus fréquemment : les fruits de l'année sont ordinairement les seuls qui subsistent encore, ceux des années précédentes ayant été ou vendus ou bien consommés, auxquels cas il ne pouvait donc plus être question de privilége pour le locateur.

De ce que le privilége sur les fruits de la récolte de l'année repose sur l'idée d'objets mis dans le patrimoine du débiteur, il résulte qu'il existera sans considérer le lieu où ces fruits se trouvent engrangés, pourvu qu'ils soient encore en la possession du fermier, et que leur identité puisse être facilement établie.

Quant aux fruits des récoltes des années précédentes, s'ils existent encore dans les greniers ou celliers du bailleur, le privilége continue à les frapper, sinon comme fruits, au moins comme objets garnissant les lieux loués.

Le bailleur d'un bien rural a-t-il la revendication dont il est question dans le cinquième alinéa de notre article 2102, tant sur les fruits de l'année que sur ceux des années précédentes?

Pour que cette question puisse s'élever, il faut supposer, bien entendu, un déplacement frauduleux des récoltes, à l'insu du bailleur et sans nécessité, dans le but unique de les soustraire au privilége, comme dans le cas où on aurait fait une vente simulée; mais il est évident qu'il n'y aurait pas lieu à revendication, dans le cas où ces fruits auraient été enlevés pour être vendus loyalement, ou bien pour être conduits au marché et offerts en vente, car c'est là leur destination, et le propriétaire, en louant sa ferme, a tacitement consenti à ces déplacements. C'est là une clause que la force même des choses fait sous-entendre dans le bail.

Cette observation faite, nous résoudrons la question que nous nous sommes posée, en établissant plusieurs hypothèses.

PREMIÈRE HYPOTHÈSE.

Fruits des récoltes des années precédentes.

La revendication sera admise, car ce sont là des meubles qui garnissaient les greniers, les celliers de la ferme, et qui, à ce titre, rentrent dans le cas prévu par le cinquième alinéa de l'art. 2102. Cette revendication est fort importante à exercer, puisqu'elle sert à conserver le privilége; si donc le locateur laisse passer les quarante jours sans exercer la revendication, il perd son privilége.

DEUXIÈME HYPOTHÈSE.

Fruits de la récolte de l'année.

I. La récolte de l'année avait été engrangée dans les bâtiments de la ferme, puis elle en a été enlevée frauduleusement ; le bailleur aura la revendication, car c'étaient là des meubles garnissant la ferme.

II. Les fruits de l'année n'ont pas été engrangés dans les bâtiments de la ferme.

Dans ce cas, il semblerait au premier coup d'œil que l'on devrait refuser la revendication au bailleur, parce que l'art. 2102, dit-on, n'accorde ce droit que relativement aux meubles garnissant la maison louée ou la ferme. Cependant, nous n'admettrons pas cette solution, et nous en poserons une sans distinction :

1° Les bâtiments de la ferme étaient suffisants pour contenir la récolte de l'année.

La revendication sera admise. En vain voudrait-on la refuser, en prétendant que l'art. 2102 ne l'accorde que quand il s'agit des meubles ayant garni les lieux loués, et qu'ici ces fruits n'ont jamais garni la ferme ; ce serait une distinction subtile, et nous pensons qu'au fond même des choses la récolte sur pied garnit tout aussi bien les lieux loués que la récolte engrangée : le propriétaire bailleur possède aussi bien l'une que l'autre. Nous ne saurions admettre que la loi lui refuse, dans notre hypothèse, un droit aussi important, que cependant elle lui accorderait, de l'avis de tout le monde, si les fruits, au lieu d'être voiturés immédiatement ailleurs, avaient séjourné quelques instants seulement dans les bâtiments de la ferme.

2° Les bâtiments de la ferme étaient insufffisants pour contenir les récoltes.

Le droit de suite sera refusé au bailleur ; car on doit nécessairement présumer dans ce cas qu'il a consenti tacitement à ce que la récolte fût engrangée au dehors, et il a renoncé tacitement au droit de revendication.

Le vendeur qui n'exerce pas la revendication dans les quarante jours, lorsqu'il s'agit des récoltes des années précédentes, perd, à leur égard, et son droit de suite et son droit de préférence.

Quant à la récolte de l'année, soit que la revendication soit refusée au locateur dans certains cas que nous venons de voir, soit que le bailleur ne l'ait pas exercée dans le délai prescrit, lorsqu'elle lui était accordée, il n'en conserve pas moins son privilége, parce que ce privilége n'étant pas fondé sur une idée de nantissement, mais sur l'idée d'une valeur nouvelle mise dans le patrimoine du débiteur, la perte irrévocable de la possession ne le prive pas de la faveur de la loi.

Ce que nous venons dire sur les fruits s'applique également au sous-locataire s'il y en a un, mais seulement dans la limite des loyers qu'il doit au locataire principal au moment de la saisie, et pourvu qu'il n'ait pas fait de payement par anticipation, sauf le cas d'usage contraire du pays. Le propriétaire pourra saisir-gager les fruits produits par la terre sous-louée.

§ 2. — *Privilége des frais faits pour ustensiles.*

La loi reconnaît un privilége pour les frais d'ustensiles ; ce droit grève ces ustensiles eux-mêmes. Mais que faut-il entendre par le mot *ustensiles?* Est-ce seulement les instruments aratoires et les autres objets mobiliers employés à l'exploitation du fonds loué, objets que les Romains appelaient *instrumentum fundi?* Les ustensiles de ménage ne sont pas grevés du privilége dont nous nous occupons ; ce sont des meubles que rien n'engage à placer dans une condition particulière. Ce privilége doit être accordé non-seulement au conservateur et au vendeur des ustensiles aratoires, mais aussi à celui qui les a simplement améliorés. Les termes de la loi, par leur grande généralité, autorisent une pareille décision ; et encore l'intérêt du cultivateur, qui ne peut espérer recueillir de ses travaux un légitime bénéfice, qu'autant que le bon état de ses instruments aratoires lui permet d'obtenir dans le moindre temps possible la plus grande somme de travail, porte à donner par exception le privilége à l'amé-liorateur des ustensiles qui, assuré d'être payé, se prétera facilement à faire les réparations qui pourront lui être demandées.

CHAPITRE X.

PRIVILÉGE DU BAILLEUR DES FONDS DU CAUTIONNEMENT D'UN FONCTIONNAIRE.

Nous avons vu que certains fonctionnaires et les comptables en général sont contraints de déposer des cautionnements sur lesquels ont privilége, soit les particuliers, dont le fonctionnaire a trompé la confiance, soit l'État, dont les deniers ont été détournés ou mal à propos employés. Lors de la discussion du Code Napoléon au conseil d'État, on demanda que le bailleur des fonds composant le cautionnement eût aussi sur cette somme un privilége qui, bien que passant après celui de l'Etat ou celui des particuliers pour *faits de charge*, lui assurât, autant que possible, la restitution des fonds par lui fournis. Mais cette idée rencontra de l'opposition ; on répondit qu'il n'était nullement besoin de régler la position du bailleur de fonds, celui-ci demeurant propriétaire des sommes composant le cautionnement, et, par conséquent, n'ayant nul besoin d'un privilége sur sa propre chose. La loi du 25 nivôse an XIII admit ce qui, peu de temps auparavant, avait été repoussé.

Après avoir, dans son art. 1er, énuméré certains fonctionnaires, et assimilé, quant au droit des tiers, leur cautionnement à celui des notaires, elle ajoute qu'il est « affecté, par second privilége, au remboursement des fonds qui leur auraient été prêtés pour tout ou partie de leur cautionnement. » Une loi du 6 ventôse de la même année généralisa ce principe, en le déclarant applicable aux comptables publics.

Le droit des bailleurs de fonds leur sera conservé par une déclaration tenant lieu d'opposition, faite par le titulaire à l'époque du versement. Cette déclaration doit être faite devant notaire, conformément au modèle annexé au décret qui la prescrit, et légalisée par le président du tribunal de première instance. Si la déclaration est postérieure de plus de huit jours au versement des fonds au Trésor, elle ne sera valable que si elle est accompagnée d'un certificat de non opposition émanant du greffe du tribunal du domicile des parties, ou de la mainlevée des oppositions existantes. Ce certificat doit être mentionné dans la déclaration, qui ne sera admissible que sous la réserve des oppositions faites au Trésor. La déclaration une fois inscrite, il est délivré au bailleur de fonds un certificat d'inscription, dont le modèle est donné par le décret du **22 décembre 1812**. Ce certificat doit être représenté pour exercer le privilége de second ordre.

La voie de la déclaration n'est pas la seule ouverte au bailleur de fonds ; en effet, si la déclaration n'a pas été faite, il peut faire opposition.

Le Trésor seul peut recevoir la déclaration de l'origine des deniers ; aussi faudra-t-il que l'opposition lui soit signifiée, pour qu'elle puisse faire acquérir au bailleur de fonds des droits différents de ceux de simples créanciers opposants. Cela résulte des textes qui exigent l'inscription de l'opposition sur les registres des oppositions et déclarations.

Remarquons que l'opposition sera périmée, si elle n'est renouvelée avant l'expiration de cinq ans à partir de sa date. La déclaration dont il a été question plus haut est donc plus avantageuse pour celui qui a fourni les fonds que ne l'est l'opposition. Le décret du 22 décembre 1812 favorise l'emploi de cette voie, en ne frappant les déclarations que du minimum du droit fixe d'enregistrement.

Maintenant, que nous avons donné un résumé succinct des modes qui peuvent être employés pour conserver au bailleur de fonds le droit que la loi de nivôse an XIII lui a reconnu, nous devons envisager le droit lui-même, et nous demander quelle est sa nature.

On a dit : Le cautionnement n'est qu'un gage remis par le titulaire aux mains du Trésor, et sur lequel, soit les particuliers, soit l'État, se font payer de ce qui leur est dû, à raison des abus ou des prévarications des fonctionnaires. Si donc les fonds du cautionnement, ces deniers remis en gage n'ont pas été pris par le fonctionnaire dans ses propres biens ; si un tiers les a fournis, alors on se trouve dans le cas de l'art. 2077 du Code Napoléon, et, d'après l'art. 2079 même Code, la propriété reste au bailleur, ainsi qu'on l'avait dit au Conseil d'État, dans la discussion de l'art. 2112 ; discussion où les vrais principes de la matière ont été mis en lumière.

D'ailleurs, à l'époque où les cautionnements étant fournis en immeubles, des tiers consentaient à ce que leurs biens servissent à garantir la gestion du fonctionnaire, la propriété leur demeurait incontestablement.

Eh bien ! il en doit être de même encore sous l'empire

de la législation actuelle, d'après laquelle les cautionnements doivent consister en sommes d'argent. Peu importe, ajoute-t-on, que les bailleurs de fonds aient été qualifiés de *prêteurs*, ils n'en conservent pas moins la propriété des fonds, car s'ils ont fait un prêt, ce prêt n'est fait que pour un usage déterminé et ne transfère au fonctionnaire emprunteur que le droit d'en faire l'usage prévu par la convention. En vain on invoquerait les termes de la loi, qui accorde un privilége au bailleur de fonds pour prétendre que la propriété ne lui est pas demeurée, ce n'est que lorsqu'on le compare aux créanciers pour faits de charge ou à l'État, qui passent avant lui, qu'on peut dire qu'il a un privilége de *second ordre;* à l'égard des autres créanciers, il est propriétaire ; et cela est si vrai que d'une part le modèle de déclaration se sert du verbe *appartenir*, et que de l'autre, la déclaration n'est soumise qu'au droit fixe de 1 franc (actuellement 2 francs) au lieu du droit proportionnel, qui serait appliqué si la propriété était transférée.

Faut-il se rendre à ces arguments? Leur apparence de vérité doit-elle faire admettre le système qu'ils tendent à démontrer? Nous sommes convaincu du contraire. Pour nous, le bailleur de fonds est un créancier et non pas un propriétaire. En effet, la loi du 25 nivôse an XIII, celle du 6 ventôse an XIII, art. 2, le décret du 28 août 1808, art. 1, 2 et 3, et le décret du 22 décembre 1812, art. 4, parlant des sommes fournies par les bailleurs de fonds, emploient les mots *sommes prêtées*, et désignent les bailleurs eux-mêmes sous le nom de *prêteurs:* ce qui montre que l'idée d'un prêt est bien celle qui dominait dans l'esprit du législateur. Or qu'on le remarque, en l'absence de dispositions spéciales, on doit appliquer les principes généraux qui régissent le *mutuum*, et conclure que la propriété de la somme d'argent est transférée d'abord au titulaire, puis passe du titulaire à l'État. La formule de la déclaration annexée au décret du 22 décembre 1812 ne prouve rien, son texte se trouvant formellement contredit par son objet lui-même, qui est de faire acquérir un *privilége*, ce qui est opposé à l'idée de propriété ; car le propriétaire jouit de droits bien plus étendus que ceux d'un créancier privilégié, qui n'a d'autre avantage que la prééminence qu'il doit à la qualité de sa créance.

On dit que le bailleur de fonds, propriétaire à l'égard des créanciers ordinaires, n'est appelé *privilégié* que lorsqu'on le met en regard de l'État ou des particuliers que le fonctionnaire a lésés ; mais cela n'est pas sérieux : ou il est propriétaire ayant consenti à garantir la gestion du fonctionnaire, et alors, en aucun cas, le nom de privilégié ne lui peut convenir ; ou il a, comme tout prêteur, abdiqué la propriété, et il lui reste seulement un privilége ne passant qu'après celui des créanciers, pour faits de charge qui sont des espèces de nantis.

Ce système, qui consiste à voir des prêteurs dans les bailleurs de fonds, s'harmonise mieux avec les textes de la loi que celui dans lequel ces bailleurs de fonds sont considérés comme restant propriétaires ; il a de plus l'avantage de ne pas s'écarter des principes qui régissent le prêt : on pent donc assurer qu'il est le véritable. Cependant, il faut le dire, ce prêt n'est pas constaté par les modes du droit civil, puisque la simple déclaration suffit ; mais ces formes administratives ne peuvent avoir pour effet de changer la nature du prêt, de faire que la propriété n'ait pas été transférée par le bailleur du fonds.

Maintenant, nous pouvons nous demander pourquoi le privilége est accordé par la loi du 25 ventôse an XIII. Nous en voyons deux raisons : la première est que le fonctionnaire ne pouvant exercer sans avoir au préalable versé son cautionnement, la personne qui fournit de quoi opérer le versement met véritablement les émoluments de la place, les avantages de l'office, dans le patrimoine de celui qui occupe la fonction, et, par là, augmente le gage commun. La deuxième raison se trouve dans l'intérêt qu'il y a pour l'État à ce que les cautionnements soient régulièrement versés : or, la faveur dont la loi entoure le bailleur, les portera à se prêter facilement à rendre ainsi service au fonctionnaire.

CHAPITRE III.

PRVILÉGES SPÉCIAUX DU TRÉSOR PUBLIC.

La loi du 12 novembre 1808 accorde au Trésor public un privilége sur les récoltes, fruits, loyers et revenus sur les immeubles qui sont sujets à la contribution foncière.

La régularité de la perception de l'impôt dans un État est d'une grande nécessité; car cette régularité procure à chacun la protection et le secours qu'il a le droit d'attendre du gouvernement sous lequel il vit. La puissance publique, si elle n'était alimentée par l'impôt, ne pourrait intervenir pour sauvegarder les propriétés privées, qui seraient exposées aux plus graves attaques. Aussi, peut-on dire que l'État, protégeant les biens, met dans le patrimoine du contribuable propriétaire du sol les récoltes, fruits, loyers et revenus qu'ils produisent, et a droit à un privilége pour le remboursement des frais qu'il a faits pour cette conservation, remboursement qui est opéré par la perception même de l'impôt. Ce privilége s'exerce avant tout autre.

La loi de 1808 déclare encore que l'exercice tant de ce privilége que de celui que l'article 1er accorde au Trésor pour les contributions autres que l'impôt foncier, ne préjudicie en aucune façon aux autres droits qu'il pourrait exercer sur les biens des redevables.

Si des tiers revendiquent certains meubles, et si ces mêmes meubles sont saisis pour le payement des contributions, l'affaire devra être portée devant les tribunaux administratifs avant d'être portée devant les tribunaux ordinaires, selon la loi des 23-28 septembre et 5 novembre 1790.

De la combinaison des textes des art. 32, alinéa 3; 15, n° 7; 14, n° 8, et 4, alinéa 3 de loi du 22 frimaire an VII (12 décembre 1798), la jurisprudence a décidé qu'un privilége existerait en faveur de la régie de l'enregistrement pour le payement des droits de mutation par décès. Une grande incertitude plane sur l'étendue de ce privilége; les arrêts donnent sur cette question des solutions différentes. Les auteurs qui n'ont pas reculé devant l'idée d'admettre un privilége, non formellement énoncé par la loi, s'accordent à borner son étendue aux revenus des biens; nous pensons, comme eux, que l'art. 82 donnant action à la régie sur les revenus des biens à déclarer, il faut s'en tenir à ce texte et décider que le privilége ne porte que sur les revenus. Les autres articles de la loi nous paraissent indiquer l'assiette des droits, mais n'expriment nullement que l'action puisse s'exercer sur les autres valeurs de la succession.

Le Trésor a privilége sur les cautionnements des comptables en débet; l'art. 3 de la loi du 5 septembre 1807 dit que ce privilége est régi d'après les lois existantes. Nous ne pouvons entrer dans l'analyse des dispositions nombreuses relatives à ces cautionnements, cela nous entraînerait trop loin.

D'après un décret du 26 pluviôse an II, les ouvriers et fournisseurs de matériaux avaient seuls le droit de faire des saisies-arrêts ou oppositions sur les fonds déposés dans les caisses publiques, pour être délivrés aux entrepreneurs et adjudicataires de travaux publics (1). Les autres créanciers des entrepreneurs pouvaient seulement faire des oppositions sur les sommes restant, après le parfait payement des ouvriers et fournisseurs de matériaux, qui, par conséquent, étaient privilégiés. Le titre de ce décret l'annonçait comme provisoire, et, pour ses dispositions, ne devant s'exécuter que jusqu'à l'organisation définitive des travaux publics. Cependant, il a été publié, en vertu du décret du 8 novembre 1810, dans deux départements réunis à la France, et appliqué par la Cour de Paris dans un arrêt du 28 août 1816.

On aperçoit facilement que les ouvriers par leur travail, les fournisseurs par les matériaux qu'ils livrent à

---

(1) Art. 1, 2, 3 du décret.

l'entrepreneur, mettent dans son patrimoine les sommes que l'État aura à lui payer, et ont droit à un privilége qui se rattache, on le voit, à notre troisième cause générale.

Un privilége, dont la cause est toute semblable à celle du précédent est reconnu par un décret du 12 décembre 1806, art. 3, en faveur des sous-traitants, sur les sommes dues aux traitants pour fournitures faites au service de la guerre.

Les facteurs de la halle aux farines ont privilége pour les sommes qui leur sont dues, à raison de farines livrées sur le carreau de la halle, sur le prix de vente de quinze sacs, formant le dépôt de garantie du boulanger, leur débiteur (voy. décret du 27 février 1811).

Enfin, deux décrets. l'un du 6 février 1811, art. 31, l'autre du 15 mai 1813, art. 4, donnent à la ville de Paris, pour le remboursement d'avances faites aux bouchers par la caisse de Poissy, privilége sur le cautionnement de ces commerçants, sur la valeur estimative des étaux vendus à des tiers ou supprimés et rachetés par le commerce de la boucherie, sur ce qui est dû aux bouchers pour viande fournie et sur les créances pour peaux et suifs.

CHAPITRE XII.

CLASSEMENT DES PRIVILÉGES.

Nous allons parler maintenant du classement des priviléges. La loi a déterminé l'ordre des priviléges généraux, mais elle n'a presque rien dit du classement des priviléges spéciaux, ni du concours qui peut se présenter entre les priviléges spéciaux et les priviléges généraux.

La loi, cependant, a parlé de certains concours. Trois hypothèses ont été prévues : conflit du bailleur avec les créanciers pour ustensiles ; conflit du bailleur avec le fournisseur de semences ; enfin, conflit du vendeur de meubles avec le locateur.

Nous parlerons d'abord du conflit qui peut s'élever entre le vendeur de meubles et le bailleur.

Le bailleur a un privilége sur les objets qui garnissent son immeuble. L'introduction par le locataire des objets dans la maison ou dans la ferme constitue une sorte de dation en gage de ces meubles au bailleur, qui peut, sur le prix, se faire payer par préférence. Si le meuble appartient à autrui, le locateur de bonne foi conserve son privilége, même sur ces meubles.

Supposons qu'indépendamment des meubles introduits par le locataire dans la maison du locateur, il se trouve un meuble qu'il a acheté, mais dont le prix n'a pas encore été payé : le locataire est devenu propriétaire d'immeubles, cependant imparfaitement, moins un droit réel, c'est-à-dire le privilége du vendeur non payé. Maintenant, si un conflit s'élève entre le locateur et le vendeur, qui aura le dessus? D'après les principes établis par les art. 2273 et 1141, il faut décider que c'est le locateur. En effet, la possession de bonne foi donne au locateur un titre qu'il pourra opposer avec succès au vendeur. Si, au contraire, le locateur n'est pas de bonne foi, le vendeur aura le dessus. Cette décision résulte de l'alinéa 3

de l'art. 2102, n° 4, qui est ainsi conçu : « Le privilége
« du vendeur ne s'exercera qu'après celui du propriétaire
« de la maison ou de la ferme, à moins qu'il ne soit prouvé
« que le propriétaire avait connaissance que les meubles
« et autres objets garnissant la maison ou la ferme n'ap-
« partenaient pas au locataire. »

Nous devons remarquer, dans la rédaction de cet alinéa, une expression qui n'est pas exacte : *n'appartenait
pas au locataire*; on pourrait croire que la vente ne transfère pas la propriété des objets achetés, et cependant
nous savons que la vente transfère la propriété. Le législateur a voulu dire que la propriété du locataire n'é-
tait pas complète, car la vente peut être résolue tant que
le prix n'est pas payé.

Mais à quelle époque faut-il que le locateur ait eu
connaissance des droits du vendeur sur la chose? A l'é-
poque où la chose a été introduite dans la maison ou
dans la ferme.

Le vendeur peut conserver son privilége en faisant,
avant l'introduction de la chose dans les lieux loués, une
notification au locateur. Par cette notification, il prou-
vera que le bailleur connaissait ses droits sur la chose.

Nous savons que le vendeur a, en dehors de son privilège, un droit de revendication. Une question s'est élevée,
à savoir si le vendeur pourra revendiquer au préjudice
du locateur, quoique celui-ci ignore la créance.

Deux systèmes sont en présence :

Premier système. On invoque l'opinion de Pothier, qui
accordait la revendication. On tire un argument de
l'art. 2102, n° 4, qui, après avoir parlé du privilége
du vendeur des meubles et de son droit de reven-

dication, ne parle plus, lorsqu'il s'agit de donner la pré-férence au locateur de bonne foi, que du privilége; or, *qui dicit de uno negat de altero.*

L'argument que l'on tire de ce que l'art. 2102 ne parle que du privilége et ne dit mot de la revendication, n'a pas une bien grande force ; car, dans cet alinéa le législateur a voulu donner au privilége un sens étendu ; il a voulu renfermer dans ce seul mot tous les avantages dont jouit le vendeur.

Le passage de Pothier, où l'on trouve l'opinion admise dans l'ancien droit, ne présente pas un argument solide. D'après les Coutumes de Paris et d'Orléans, celui qui avait vendu sans terme pouvait reprendre sa chose, en quelque lieu qu'elle fût transportée, même entre les mains d'un possesseur de bonne foi. Rien d'étonnant à ce qu'il pût la revendiquer lorsqu'elle avait été portée dans les lieux loués.

Mais il n'en est plus de même maintenant; pour que le vendeur puisse revendiquer, il faut que l'acheteur soit encore en possession ; or, sa possession a cessé lorsque le locateur a été nanti de l'objet introduit dans la maison ou dans la ferme.

De plus, ce système ne présente pas un préjudice grave au locateur; le délai de revendication étant de huitaine, le locataire ne sera devenu débiteur du locateur que d'une somme minime, et, la huitaine expirée, le locateur pourra exiger que les lieux loués soient suffisamment garnis de meubles, et, s'il ne le fait pas, le locateur pourra obtenir la résiliation du bail. Cette doctrine a été admise par un arrêt de la Cour de Paris, en date du 24 juillet 1847.

Second système. Plusieurs auteurs, dont nous partageons l'opinion, sont d'un avis contraire. Et d'abord, comment soutenir la revendication devant le principe *en fait de meubles possession vaut titre?* Le droit qu'a le vendeur de reprendre la possession de la chose vendue ne doit pas être plus considérable que celui qu'a un propriétaire sur sa chose. Le propriétaire qui aurait donné en gage au locataire un objet ne pourrait pas être préféré au bailleur. Il y a un *a fortiori* pour décider de même quant au vendeur qui n'est plus propriétaire de sa chose.

2e *Conflit du bailleur et des créanciers pour ustensiles.*

Nous avons parlé plus haut de ce privilége, et nous avons dit qu'il était accordé non-seulement au vendeur et au conservateur des ustensiles, mais même à ceux qui, par des réparations, les avaient améliorés. La loi a réglé le cas où ces différents créanciers seraient en concours avec le locateur de la ferme, et elle a donné la préférence aux créanciers.

La préférence qui a été accordée aux créanciers pour ustensiles est facile à expliquer : ils ont mis ces choses dans le patrimoine du locataire.

3e *Conflit du bailleur et de ceux qui ont fourni des semences ou travaillé à la récolte.*

Si nous supposons que le bailleur, le vendeur des semences ou les ouvriers sont en concours, le premier rang est accordé aux ouvriers, le second au vendeur, et le troisième au bailleur. Cette décision a son fondement dans le principe suivant : donner la préférence à ceux qui ont conservé le plus actuellement le gage commun. Quoique le bailleur soit privilégié, parce que, en donnant sa terre, il met la récolte dans le gage commun, il n'est pas moins vrai que, sans le travail des ouvriers, la terre serait restée stérile, la récolte n'aurait pas été produite, et le bailleur n'aurait pu par conséquent exercer son privilége.

Jusqu'ici nous n'avons traité que des conflits que le Code a prévus; maintenant, nous tâcherons de présenter et de résoudre quelques cas qui n'ont pas été prévus.

En étudiant les priviléges spéciaux, nous avons vu qu'on pouvait les fonder sur deux idées fondamentales. Les uns se rattachent à une idée de nantissement exprès ou tacite ; les autres à une idée de mise ou de conservation de l'objet affecté du privilége, dans le patrimoine du débiteur. Ces principes nous serviront à résoudre les conflits dont nous allons traiter

1. *Conflit entre plusieurs priviléges, tous fondés sur une idée de nantissement.*

Ce conflit est difficile à rencontrer, puisque la condition expresse pour l'exercer étant la possession du gage, il semble que c'est le droit du dernier nanti qui subsiste seul. Cependant ce conflit peut se présenter dans plusieurs hypothèses.

Tous les créanciers sont nantis de la chose, parce qu'elle a été remise à un tiers qui la possède en leur nom à tous. Le plus ancien, c'est-à-dire celui qui a été nanti le premier sera le préféré, parce que le privilége des créanciers postérieurs n'a pu nuire à celui qui était déjà précédemment établi, et qu'il n'a pu dès lors frapper la chose, que déduction faite du droit antérieur acquis au premier créancier gagiste, et ainsi des autres.

Le premier créancier gagiste a cessé d'être nanti du gage par suite de perte ou de vol, et ces objets sont actuellement entre les mains d'un second créancier gagiste. Le premier créancier sera préféré, et le second créancier ne pourra pas lui opposer la maxime de l'art. 2279. Mais il en serait différemment, et aucun conflit ne s'élèverait, soit dans le cas où le premier créancier gagiste se serait dessaisi volontairement de l'objet, soit dans le cas où, ne s'en étant pas dessaisi volontairement, il aurait laissé passer le délai pour la revendication, sans rompre le silence. Alors il aurait perdu et son droit de gage et son privilége.

2ᵉ Conflit entre deux créanciers ayant mis ou conservé une valeur dans le patrimoine du débiteur.

Ce conflit peut s'élever :

1° Entre deux conservateurs de la chose. — Nous préférons celui qui l'a conservée en dernier lieu, car il a sauvé le gage de tous les précédents créanciers. L'art. 323 du Code de commerce fournit une application de cette règle en matière de prêts à la grosse : « Le dernier emprunt, dit-il, sera toujours préféré à celui qui l'a précédé ;

2° Entre le vendeur et le conservateur de la même chose. Ce sera le conservateur qui devra être préféré, parce que sans lui le gage du vendeur n'existerait pas, et que, par conséquent, il n'aurait plus de privilége : il a travaillé dans son intérêt. Le Code Nap. nous donne une application de cette règle, en préférant les ouvriers qui ont travaillé à faire la récolte au bailleur de l'immeuble, qui est une sorte de vendeur de fruits de cette récolte ;

3° Entre plusieurs vendeurs successifs de la même chose, qui tous ont conservé leur privilége. — Le premier vendeur sera préféré au second, le second au troisième, et ainsi de suite, parce que chaque vendeur, en aliénant la chose, a retenu sur elle un droit réel pour la garantie de sa créance, et que dès lors le second vendeur n'a pu retenir sur cette chose qu'un droit réel, déduction faite de celui qui avait été retenu par le premier vendeur. C'est là une décision analogue à celle que donne le Code Nap., {dans le n° 1 de l'art. 2103, pour régler l'ordre entre plusieurs vendeurs successifs du même immeuble.

3ᶜ *Conflit entre un créancier dont le privilége est fondé sur une idée de nantissement exprès ou tacite et un créancier dont le privilége repose sur l'idée de la mise ou de la conservation de l'objet dans le patrimoine.*

Le classement partiel des priviléges spéciaux que nous avons trouvés dans l'art. 2102 va nous servir ici à régler ce conflit.

Nous avons vu qu'en cas de conflit entre le bailleur et le vendeur d'effets mobiliers, la loi donne la préférence au bailleur, parce qu'il est nanti et peut invoquer la maxime de l'art. 2273. De là nous concluons que :

1° S'il y a conflit entre un créancier gagiste et un vendeur, par analogie du n° 1 de l'art. 2102, le vendeur sera primé par le créancier nanti, toutes les fois que celui-ci aura été de bonne foi, c'est-à-dire qu'il aura ignoré le droit du vendeur. Il semble cependant que, dans ce cas, le vendeur devrait avoir la préférence, puisque son privilége est né avant celui du gagiste. Mais la maxime : *en fait de meubles...*, empêche qu'il n'en soit ainsi dans le cas où le créancier nanti est de bonne foi ; car, cette maxime, qui l'emporte sur la propriété, le plus absolu de tous les droits, doit, *a fortiori*, l'emporter sur le droit moins étendu d'un créancier privilégié.

La règle que nous venons d'établir sur ce conflit reçoit une double exception.

1° Si l'objet du gage est un meuble incorporel ; car la la règle de l'art. 2275 ne s'appliquant pas dans ce cas, le vendeur d'une chose, par exemple, donnée postérieurement en gage par l'acheteur, sera préféré au créancier gagiste, parce que le droit de ce dernier n'a pu affecter cette créance, que déduction faite du droit que le vendeur s'était déjà réservé dessus.

2° De même le créancier gagiste sera primé par le vendeur d'effets mobiliers corporels, s'il savait que ces meubles n'étaient pas encore payés ; car sa mauvaise foi l'empêche d'invoquer le bénéfice de l'art. 2275.

Conflit entre un créancier nanti et un créancier conservateur.

Ici une distinction est nécessaire :

1° Les frais de conservation ont été faits postérieurement au nantissement. Le créancier conservateur sera préféré au créancier gagiste, car il a fait l'affaire du créancier gagiste, et nous ne faisons ici que suivre la règle que le Code nous a donnée dans le n° 1 de l'art. 2102,

4me alinéa ; 2° les frais de conservation ont été faits antérieurement au nantissement. Nous poserons encore ici une sous-distinction.

I. Le créancier nanti a ignoré leur existence au moment où il a reçu le gage : il passera le premier, en vertu de la règle de l'art. 2275, comme le bailleur de bonne foi passe avant le vendeur.

II. Le créancier gagiste a connu leur existence ; il est de mauvaise foi et sera primé par le créancier conservateur, car la maxime : *En fait de meubles possession vaut titre* ne le protège plus dans ce cas.

Concours des priviléges généraux et des priviléges spéciaux.

Le silence des rédacteurs du Code, à cet égard, a donné naissance à des controverses qui partagent les interprètes du droit.

Premier système : Les priviléges généraux de l'art. 2101 passent avant les priviléges spéciaux de l'art. 2102. Voici les différents arguments que l'on invoque à l'appui de ce système :

On allégue d'abord l'ordre dans lequel la loi traite des priviléges : *art. 2101, priviléges généraux ; art. 3102, priviléges spéciaux* : priorité d'énonciation, donc priorité de rang.

On a dit encore que les priviléges de l'art. 2101 sont plus dignes de faveur que ceux de l'art. 2102, par cela seul qu'ils sont généraux ; la loi nous prouve que tel est son sentiment, en faisant porter ces priviléges sur tous les meubles et même, subsidiairement, sur les immeubles.

On tire un argument d'analogie de l'art. 2105, qui, en cas de conflit entre les priviléges généraux sur les meubles et les priviléges spéciaux sur les immeubles, lorsque le mobilier est insuffisant, déclare que les créanciers de l'art. 2101 passeront sur les immeubles avant les créanciers qui ont un privilége spécial sur ces immeubles ; or, dit-on, la raison de décider n'est-elle pas la même, en cas de conflit, entre les créanciers qui ont un privilége général sur les meubles, et ceux qui ont un privilége spécial sur les mêmes meubles ? En effet, le vendeur d'un meuble, par exemple, ne doit-il pas être primé par les priviléges de l'art. **2101**, puisque ces priviléges passent bien avant celui du vendeur d'un immeuble, dont la créance n'a pas une cause moins digne de faveur que celle du vendeur des meubles.

Enfin, ajoute-t-on, les priviléges généraux, sauf les frais de justice dont le rang ne fait pas difficulté, sont fondés sur des considérations d'humanité très-puissantes, et, par conséquent, plus que toutes autres dignes de faveur.

Nous n'acceptons pas ce système, et nous allons réfuter les arguments que nous venons de signaler.

L'argument que l'on tire de l'ordre suivi par le Code n'a aucune force ; et, en effet, si l'ordre des articles où sont énumérés les priviléges constituait, par cela seul, un ordre de préférence, il faudrait décider de la même manière sur l'ordre des numéros des art. **2102** et **2103**, ce que personne ne peut admettre.

Deuxième argument. — Il n'est pas exact de dire que la loi a regardé les priviléges généraux comme plus dignes de faveur que les priviléges spéciaux. Les priviléges spéciaux prennent leur fondement dans deux idées, soit une constitution de gage, soit la mise ou la conservation d'une certaine valeur dans le patrimoine du débiteur. Il est, dès lors, bien évident que ces priviléges, quelque dignes de faveur qu'ils fussent, ne pouvaient être que spéciaux, à cause de la spécialité même de leur objet. Ainsi, les priviléges de l'art. 2102 sont spéciaux, à raison de leur origine, et non parce qu'ils sont moins dignes de faveur.

Troisième argument. — L'argument que l'on a tiré par analogie n'est pas fort. Les immeubles ont, en général, une valeur assez élevée pour que les priviléges de l'article 2101, dont la somme est ordinairement assez modique, n'absorbent pas tout le gage des créanciers qui n'ont dessus qu'un privilége spécial, surtout quand ces créances privilégiées ont déjà été diminuées par le produit de la vente des meubles, tandis que si l'on paye d'abord sur la valeur des meubles les créanciers de l'article 2101, il est fort à craindre qu'il ne reste plus rien aux créanciers de l'art. 2102.

L'argument que nos adversaires ont tiré de l'art. 2105 est beaucoup plus favorable au système que nous adoptons ; car si la loi a cru devoir dire expressément que les priviléges de l'art. 2101 sont préférables à ceux de l'article 2103, et si elle a gardé le silence à l'égard des priviléges de l'art. 2102, c'est que ces derniers ne devaient pas être primés par ceux de l'art. 2101, ce qui est rationel, ainsi que nous venons de le faire voir.

Quatrième argument. — L'argument fondé sur des considérations d'humanité n'est pas trop fort. Il serait

injuste que le gage d'un locateur pût lui être enlevé,
à l'effet de payer les domestiques et les fournisseurs de
son débiteur. Et d'ailleurs, si le locateur n'avait pour les
loyers une pleine sécurité, comment les débiteurs pour-
raient-ils se loger; et sans logement, comment pour-
raient-ils vivre?

Deuxième système. — D'après ce système, tous les priviléges spéciaux sont préférés aux priviléges généraux,
excepté les frais de justice.

Nous avons déjà dit que tous les priviléges spéciaux
ont pour fondement, soit la mise ou la conservation d'un
objet dans le patrimoine du débiteur, soit un nantissement exprès ou tacite.

Les frais de justice ayant conservé le gage des autres
créanciers ont été placés par la loi, pour cette raison, au-
dessus de tous les priviléges qui sont renfermés dans
l'art. 2101 ; or, il faut décider la même chose vis-à-vis du
vendeur sur la chose vendue et de l'ouvrier sur la chose
conservée.

Maintenant, quant aux créanciers dont le privilége a
pour fondement un gage exprès ou tacite, qui sont nantis
de la chose affectée, ils *la possèdent* jusqu'à concurrence
de ce qui leur est dû ; nous avons déjà dit que la loi a
accordé une grande force à la possession qui est jointe à
la bonne foi du possesseur; nous avons vu que, si le locataire apporte, dans la maison qu'il habite, des meubles qui ne lui appartiennent pas, le locateur, pourvu
qu'il soit de bonne foi, peut triompher de la revendication. Or, si le droit de propriété ne peut avoir aucune force devant un privilége appuyé sur la possession

jointe à la bonne foi du possesseur, à plus forte raison doit-il en être de même de tout autre droit moins étendu que le droit de propriété, et, par conséquent, de tout autre privilége.

Plusieurs arguments peuvent être présentés en faveur de ce système.

On invoque l'autorité de l'ancienne jurisprudence. Pothier reconnaissait que les priviléges spéciaux sur les meubles l'emportaient sur les priviléges généraux; il exceptait seulement les frais de justice et les frais funéraires de premier ordre. Par frais de premier ordre, il entendait les frais d'enlèvement et d'ensevelissement du corps.

L'acte de notoriété du Châtelet de Paris est du même avis.

On tire un autre argument des art. 661 et 662 du Code de procédure civile. Ils montrent que, dans l'esprit du législateur, le locateur, créancier nanti, doit primer tous les autres créanciers; car l'art. 661 lui permet de faire statuer préliminairement sur son privilége, et l'article 662 déclare qu'il ne supportera pas les frais de distribution; d'où il résulte qu'il prime tous les priviléges, quels qu'ils soient, hors les frais de justice qui lui ont profité. Cette prééminence des nantis est, selon nous, encore bien démontrée par l'art. 47 de la loi du 1er germinal an XIII, qui ne fait passer que les frais de justice et six mois de loyer avant les sommes dues à la régie des contributions indirectes. Or, cette loi, de peu postérieure au Code et élaborée par le même conseil d'État, a été, il n'en aut pas douter, rédigée d'après les principes qui avaient été suivis dans la confection du Code. On objecte, il est vrai, que les art. 661 et 662 du Code de procédure civile ne fournissent qu'un argument, auquel il ne faut nullement s'attacher; qu'en effet certains alinéas de l'article 2102 démontrent que divers créanciers priment le locateur, contrairement à ce qui résulte des articles 661 et 662 dont la rédaction est inexacte. A cela, nous répondrons que l'objection est sans valeur, et que c'est une erreur grave de croire que les art. 661 et 662 soient en opposition avec les dispositions particulières de l'art. 2102, qui viennent d'être signalées. En effet, dans la distribution, on devra toujours colloquer le locateur le premier, et accomplir le vœu des art. 661 et 662, sauf, s'il se trouve quelque créancier qui, d'après le Code Napoléon, prime le locateur, à le payer sur la somme qui aura été attribuée à celui-ci.

Résumons le concours des priviléges spéciaux entre eux.

Quel sera le rang que nous accorderons aux priviléges spéciaux, lorsqu'ils viendront concourir entre eux? En premier lieu, nous placerons les nantis, les conservateurs ou les vendeurs; en un mot, les créanciers qui ont mis quelque valeur dans le gage commun sont primés par les nantis.

Si la chose a été vendue ou conservée antérieurement au nantissement, il faudra appliquer sans hésitation l'alinéa 3 du n° 4 de l'art. 2102 du Code Napoléon, et dire que la bonne foi du nanti, quel qu'il soit, étant jointe à sa possession, établit son droit sur les meubles qu'il détient. En vain invoquerait-on, en faveur du conservateur ou du vendeur, l'antériorité de leur droit : cette antériorité cède à la possession de bonne foi. La nécessité de la bonne foi, de la part du nanti, démontre que les vendeurs et conservateurs pourraient arriver à le primer, en prouvant qu'il a eu connaissance du droit qu'ils avaient sur la chose.

Quand même les actes de conservation auraient été faits depuis le nantissement, nous pensons qu'il faut encore appliquer l'alinéa 3 de l'art. 2102, n° 4; mais, pour cela, il faudrait que le nanti ignorât les frais de conservation et possédât de bonne foi les objets conservés.

Si le conflit s'élève entre plusieurs créanciers qui ont conservé le gage commun ou qui ont introduit un objet dans le patrimoine du débiteur, nous déciderons qu'entre plusieurs conservateurs, ce sera au dernier qu'il faudra donner la préférence. En effet, le deuxième conservateur a fait l'affaire du premier; car, sans son intervention, celui-ci n'aurait rien eu pour se faire payer, puisque la chose qu'il avait conservée jadis aurait péri sans les soins du second conservateur. Cette solution résulte de l'art. 2102, alinéa 4, qui applique au cas de concours entre le locateur, le vendeur de semences et ceux qui ont travaillé à la récolte, le principe que celui des créanciers qui a fait l'affaire des autres leur est préféré. On peut encore l'appuyer d'un texte du Code de commerce, art. 323, duquel il résulte que, entre plusieurs prêteurs à la grosse, celui qui a prêté le dernier passe le premier.

POSITIONS.

—

DROIT ROMAIN.

I. En droit romain, un simple fait pouvait constituer l'hypothèque.

II. L'hypothèque établie sur une esclave comprend le part même né chez un tiers détenteur, pourvu que la mère ait été *in bonis debitoris* au moment de la conception.

III. Si la maison hypothéquée a été reconstruite par un possesseur de bonne foi, le créancier sera obligé de lui tenir compte de la plus value résultant de ses travaux. La loi 44, § 1, D., *De damn. inf.*, et la loi 29, § 2, D., *De pig. et hyp.*, sont inconciliables.

IV. Lorsque le débiteur qui a hypothéqué la chose d'autrui en devient propriétaire, le créancier n'a d'action utile qu'autant qu'il a ignoré que la chose fût à autrui; s'il l'a su, il n'a qu'un simple droit de rétention.

V.. Il n'y a pas d'antichrèse tacite.

VI. Le possesseur de bonne foi d'un immeuble hypothéqué fait siens tous les fruits qu'il a perçus avant la *litis contestatio*, qu'il les ait consommés ou non.

VII. La loi **22**, D., *De pig. et hyp.*, et la loi **41**, D., *De pign. act.*, sont inconciliables.

DROIT FRANÇAIS.

I. Le deuil de la veuve n'est pas privilégié.

II. Le tiers qui a prêté des fonds pour payer, soit les frais funéraires, soit les frais de dernière maladie, ou qui les a payés lui-même, avec intention de faire un prêt au débiteur direct de ces dépenses, n'est pas, en général, mis au lieu et place du créancier désintéressé, indépendamment de toute subrogation conventionnelle.

III. Les frais de dernière maladie ne doivent pas s'entendre seulement de la maladie dont le débiteur est mort.

IV. Dans le cas où le bail n'a pas date certaine, le

bailleur est privilégié pour les années échues, l'année courante et une année, à partir de l'expiration de l'année courante.

V. Le créancier qui a fait sur une chose mobilière des dépenses d'amélioration n'a pas de privilége.

VI. La revendication accordée au vendeur d'effets mobiliers est la revendication du droit de rétention.

VII. Le voiturier perd son privilége, lorsqu'il s'est volontairement dessaisi de la chose voiturée.

VIII. Les priviléges spéciaux priment les priviléges généraux, en exceptant les frais de justice.

DROIT CRIMINEL.

I. Dans le cas de l'art. 7 du Code d'instruction criminelle, le Français pourra être poursuivi en France et puni conformément à la loi pénale française, quand même dans le pays où s'est passé le fait incriminé, ce fait n'aurait donné lieu qu'à des peines correctionnelles ou même aurait été exempt de toute peine.

II. L'erreur dans la personne de la victime n'empêche pas que l'agent ne soit coupable de meurtre avec préméditation.

DROIT DES GENS.

I. L'étranger divorcé légalement peut se remarier en France.

II. L'étranger jouit, en France, de tous les droits qui ne lui sont pas expressément enlevés par la loi.

HISTOIRE DU DROIT.

I. C'est dans la clientèle militaire qu'il faut chercher l'origine des fiefs.

II. Le colonat a une origine complexe.

Vu par le Président de la Thèse,
VALETTE.

Vu par le Doyen de la Faculté,
C.-A. PELLAT.

Permis d'imprimer :
Le Vice-Recteur de l'Académie,
ARTAUD.

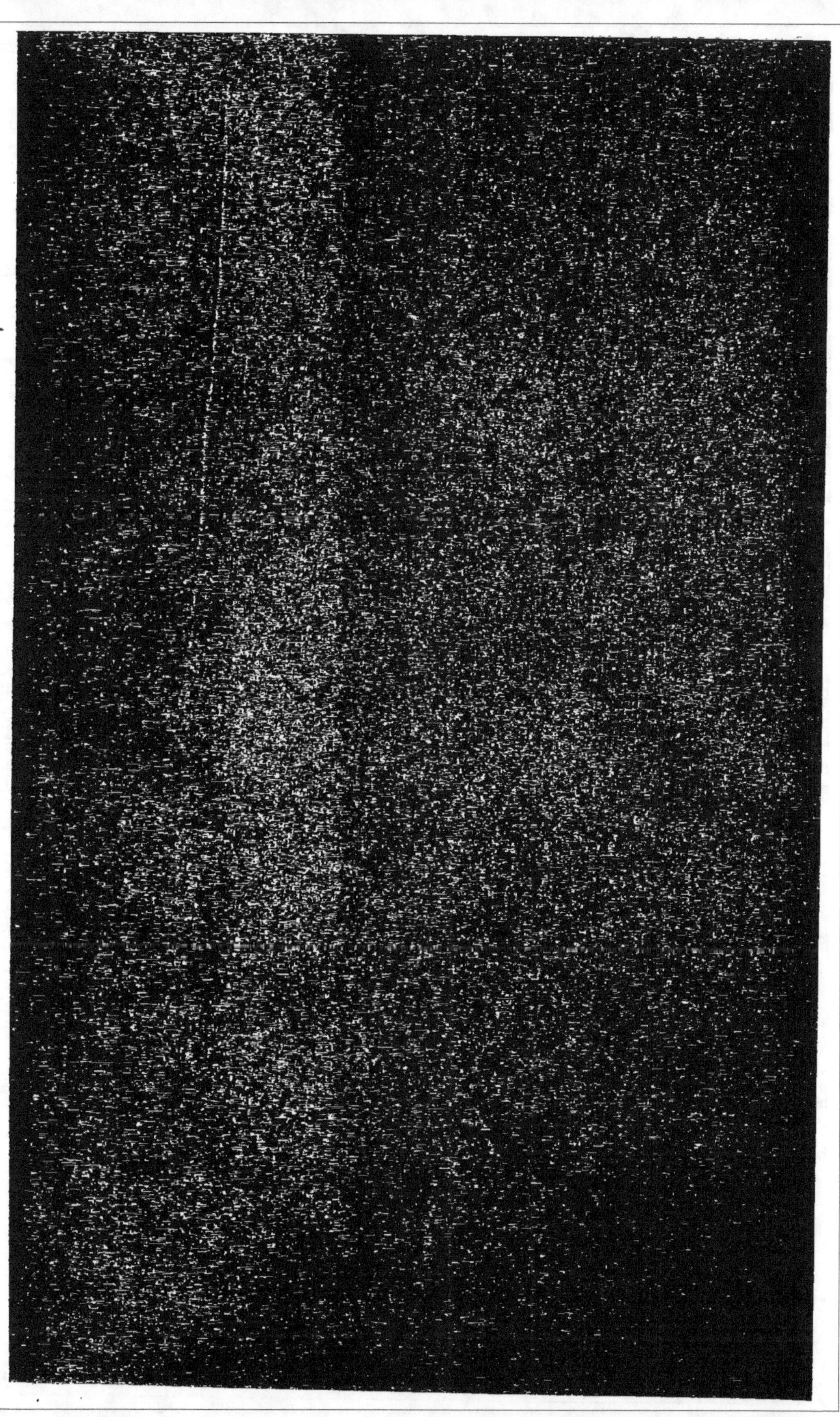